JN064817

人材獲得と定着、社会最適な採用を
採用担当者の手で実現する

改訂版

# 採用力検定®
# 公式テキスト

[監修] 一般社団法人　日本採用力検定協会

[著者] 曽和利光　伊達洋駆

日本能率協会マネジメントセンター

# 本書の内容に関するお問い合わせについて

平素は日本能率協会マネジメントセンターの書籍をご利用いただき、ありがとうございます。

弊社では、皆様からのお問い合わせへ適切に対応させていただくため、以下①～④のようにご案内いたしております。

## ①お問い合わせ前のご案内について

現在刊行している書籍において、すでに判明している追加・訂正情報を、弊社の下記 Web サイトでご案内しておりますのでご確認ください。

http://www.jmam.co.jp/pub/additional/

## ②ご質問いただく方法について

①をご覧いただきましても解決しなかった場合には、お手数ですが弊社 Web サイトの「お問い合わせフォーム」をご利用ください。ご利用の際はメールアドレスが必要となります。

https://www.jmam.co.jp/inquiry/form.php

なお、インターネットをご利用ではない場合は、郵便にて下記の宛先までお問い合わせください。電話、FAX でのご質問はお受けいたしておりません。

〈住所〉　〒 103-6009　東京都中央区日本橋 2-7-1　東京日本橋タワー 9F

〈宛先〉　㈱日本能率協会マネジメントセンター　ラーニングパブリッシング事業本部　出版部

## ③回答について

回答は、ご質問いただいた方法によってご返事申し上げます。ご質問の内容によっては弊社での検証や、さらに外部へお問い合わせすることがございますので、その場合にはお時間をいただきます。

## ④ご質問の内容について

おそれいりますが、本書の内容に無関係あるいは内容を超えた事柄、お尋ねの際に記述箇所を特定されないもの、読者固有の環境に起因する問題などのご質問にはお答えできません。資格・検定そのものや試験制度等に関する情報は、各運営団体へお問い合わせください。

また、著者・出版社のいずれも、本書のご利用に対して何らかの保証をするものではなく、本書をお使いの結果について責任を負いかねます。予めご了承ください。

# 採用のプロフェッショナルを目指して

　採用という仕事は、組織の未来を決める役割を持っています。組織にとって優秀な人材を見つけ、その人が組織に合っているかを判断し、組織の魅力を伝えることは、将来を決める重要な仕事の1つです。

　そのため、採用に関わる人は、専門性と責任感を持つ必要があります。つまり、プロフェッショナルでなければなりません。プロフェッショナルになるためには、3つの条件があります。

　1つ目は、体系的な知識を身につけることです。採用の流れや労働に関する法律、労働市場などについて、専門的な知識を体系的に学び、それを実際の仕事で活かすことが求められます。採用の現場では、採用の方法や面接の技術、候補者を評価するツールについて幅広い知識が必要です。さらに、自社の事業や文化についても深く理解していなければなりません。

　2つ目は、職業倫理を大切にすることです。高い倫理観を持ち、公正で誠実な採用を行うことが使命だと考えなければなりません。採用の過程で、候補者の人権を尊重し、差別やハラスメントをなくすことはいうまでもありません。候補者の能力、性格、価値観に基づいて公平な判断をすることも求められます。公正な採用は、組織の信頼を高めるだけでなく、候補者のキャリアを豊かにします。

　3つ目は、仲間とのつながりを持つことです。同じ目標を持つ仲間とのネットワークを作り、お互いに切磋琢磨しながら成長していくことが重要です。採用の現場では、日々新しい課題が生まれます。候補者の多様化、採用方法の進歩、労働市場の推移など、採用を取り巻く環境は常に変化しています。この変化に対応するためには、採用に関わる人たちが知恵を出し合うことが欠かせません。

　私たち日本採用力検定協会は、採用に関わる全ての人の専門性を高めるために、採用力検定を行っています。この検定では、採用に関する知識を問うだけでなく、倫理的な判断力も測ります。検定を受ける人を対象としたイベントも開催し、交流の場を提供しています。

　採用という仕事が、プロフェッショナルな職業として認められることを願っています。そして、採用力検定が、その手助けになれば幸いです。この本を読んでいる皆さんが、採用のプロフェッショナルとして活躍されることを祈っています。

2024 年 6 月

一般社団法人 日本採用力検定協会　代表理事　伊達 洋駆

# 採用力検定® 試験概要

## 採用力検定® 試験とは

採用力検定®試験は、採用担当者をはじめ企業の採用に関わる方々に対し、「組織および社会に有益な採用活動を設計・実行する力（これを『採用力®』と定義します）」の到達度を知り、よりよい採用を目指していただくための指標となるものです。「採用力検定試験（基礎）」と「リクルーター・面接官向け検定試験」の2種があり、前者は後者の内容を含みます。採用活動に関する基礎的な知識やスキルを身につけていただくことを目的としています。

『採用力』は次の5つのカテゴリーで構成されています。

○マインド（採用に向き合う姿勢）

○ナレッジ（採用を良くするための知識）

○スキル（採用を良くするための技能）

○アクション（採用における行動・意思決定）

○パースペクティブ（採用に対する視座）

各カテゴリーの詳細と「『採用力』とは何か」については、本書の第1章にて詳しく解説していますのでそちらをお読みください。

## 採用力検定® 試験の評価方法について

採用力検定®試験は2種どちらも合否判定を行うものではなく、試験中に問われた問題の正答率や質問の回答傾向などからスコアを出す評価を行っています。

これは、『採用力®』が単純にその時点での知識のみを重視しているのではなく、受験した結果を受け、採用について学び続けてほしいという願いがあるからです。

## 採用力検定® 試験の受験要項

日本採用力検定協会では現在、年1回の検定試験を実施しています。2023年に行われた第6回採用力検定試験（基礎）、第4回リクルーター・面接官向け検定試験をもとにした受験要項は次の通りです。

## 採用力検定試験（基礎）

出題形式：選択式 Web 試験試験

時　　間：80分

受 験 料：5,500円

受験種別：個人受験および団体受験（同一企業〈または団体等〉2名以上）

対　　象：人事採用責任者・担当者、採用関連ビジネスを行う方、大学等でキャリ
　　　　　ア支援を行う教職員、その他、人材採用に関心のある方々

出題分野：1．人材マネジメント　　　　　6．内定者フォロー
　　　　　2．採用の戦略・計画　　　　　7．採用に関するトレンド・時事
　　　　　3．採用体制の整備　　　　　　8．人事・採用に関する法規・制度
　　　　　4．候補者集団形成・募集　　　9．採用倫理（コンプライアンス）
　　　　　5．選考時の動機形成・選抜

## リクルーター・面接官向け検定試験

出題形式：選択式 Web 試験試験

時　　間：45分

受 験 料：3,300円

受験種別：個人受験および団体受験（同一企業〈または団体等〉2名以上）

対　　象：リクルーターまたは面接官の役割を担う方々

出題分野：1．採用の基礎知識　　　　　4．動機づけ・訴求
　　　　　2．リクルーター・面接官の役割　5．採用に関する法規・制度
　　　　　3．見極め　　　　　　　　　6．採用倫理（コンプライアンス）

※「リクルーター・面接官向け検定試験」は「採用力検定試験（基礎）」の設問から、リクルーター・
　面接官向けの設問を抜粋して構成されています。
　2種の受験を希望する場合は設問が重複しますのでご注意ください。

## 試験時期

年1回
※採用力検定試験（基礎）、リクルーター・面接官向け検定試験ともに同一スケジュールとなります。

次回（第7回基礎、第5回リクルーター・面接官向け）試験申込は2024年9月2日（団
体）、10月1日（個人）～を予定。
※変更になる可能性があります。協会ホームページ（https://saiyouryoku.jp/）をご確認ください。

## 結果

合格／不合格ではなく、スコア（分野毎の得点）を表示した結果票を、各受験者様
ご自身で「試験結果出力ページ」にアクセスし、ダウンロードすることができます。
また、「試験結果出力ページ」内から、全問題の正答と解説を記載した、「正答・解
説集」もご覧いただけます（ダウンロード可能）。

# Contents

はしがき

採用力検定®試験概要

## 第1章　採用力とは何か

| | | |
|---|---|---:|
| 第1節 | 日本型雇用システムの独自性 | 10 |
| 第2節 | 採用活動における課題 | 12 |
| 第3節 | 「採用力」とは何か[概論] | 14 |
| 第4節 | 「採用力」のフレームワークと構成要素 | 16 |
| 第5節 | 採用力【1】「マインド」の向上 | 18 |
| 第6節 | 採用力【2】「ナレッジ」の向上 | 20 |
| 第7節 | 採用力【3】「スキル」の向上 | 22 |
| 第8節 | 採用力【4】「アクション」の向上 | 24 |
| 第9節 | 採用力【5】「パースペクティブ」の向上 | 25 |
| 第10節 | 人的資本の開示と採用 | 26 |

## 第2章　採用戦略の策定

| | | |
|---|---|---:|
| 第1節 | 採用の成功＝企業力×採用力 | 32 |
| 第2節 | 採用力における「戦略」とは | 36 |
| 第3節 | 人材ポートフォリオの設定 | 40 |
| 第4節 | 人材フローの設定 | 42 |
| 第5節 | 人材要件の4つのポイント | 44 |
| 第6節 | 人材要件の設定方法 | 46 |
| 第7節 | 「人材要件」から「ペルソナ」を作る | 48 |
| 第8節 | 経営層や現場との意思疎通 | 50 |
| 第9節 | 新卒採用と中途採用 | 54 |

## 第3章　採用プロセスの設計

| | | |
|---|---|---:|
| 第1節 | 採用プロセスの構成要素 | 58 |
| 第2節 | 人材要件を設定する際の注意点 | 62 |
| 第3節 | 候補者集団を形成する | 64 |
| 第4節 | 大量候補者集団の限界 | 68 |
| 第5節 | セルフスクリーニング | 70 |
| 第6節 | 選考プロセスの「ステップ」と「コンテンツ」 | 72 |
| 第7節 | 逆求人（ダイレクト・リクルーティング） | 76 |
| 第8節 | 人材エージェントの活用 | 78 |

| 第 9 節 | RPO（採用アウトソーシング） | 82 |
|---|---|---|
| 第10節 | ATS（採用管理システム） | 84 |
| 第11節 | RJP とその方法 | 86 |
| 第12節 | 関心度・志望度・適応予想度 | 88 |
| 第13節 | 採用体制の構築・社員の巻き込み方 | 90 |
| 第14節 | 採用に関わる社員の育成方法 | 94 |
| 第15節 | リクルータの位置づけと役割 | 96 |

## 第 4 章　採用活動の実際（1）候補者集団の形成

| 第 1 節 | 採用ブランド | 100 |
|---|---|---|
| 第 2 節 | 採用に関する Web 制作 | 102 |
| 第 3 節 | エントリーシート | 105 |
| 第 4 節 | インターンシップの企画・実施 | 107 |
| 第 5 節 | 会社説明会の企画・実施 | 112 |

## 第 5 章　採用活動の実際（2）選考

| 第 1 節 | 適性検査の活用 | 118 |
|---|---|---|
| 第 2 節 | 面接官の選び方 | 120 |
| 第 3 節 | 面接シートの作り方 | 122 |
| 第 4 節 | 面接とバイアス | 126 |
| 第 5 節 | アセスメントワードの定義とすり合わせ | 128 |
| 第 6 節 | 見極めるべき能力と見極めなくてもよい能力 | 132 |
| 第 7 節 | 各面接の目標の設定 | 134 |
| 第 8 節 | オンライン面接と対面面接 | 138 |
| 第 9 節 | 応募者と接する際の心がけ | 143 |
| 第10節 | BEI（行動評価面接）とエピソードの掘り下げ方 | 145 |
| 第11節 | 採用での AI の活用 | 149 |

## 第 6 章　採用活動の実際（3）動機形成

| 第 1 節 | 「志望動機」の取り扱い | 154 |
|---|---|---|
| 第 2 節 | 応募者の優先順位づけ | 156 |
| 第 3 節 | 内定者へのフォロートーク・意思決定支援 | 160 |
| 第 4 節 | 内定者に対する教育 | 164 |
| 第 5 節 | 内定者イベントの企画・実施 | 166 |
| 第 6 節 | オンボーディングとその対応 | 167 |

## 第7章　その他の人事領域

| 第1節 | 要員計画と採用計画 | 170 |
| 第2節 | 人事の基本機能 | 172 |
| 第3節 | 採用と育成の連動・新入社員定着の手法 | 174 |
| 第4節 | 配置の考え方 | 178 |
| 第5節 | リスキリング | 182 |
| 第6節 | 採用と退出 | 185 |

## 第8章　新しい採用手法の流れ

| 第1節 | リファラル採用 | 190 |
| 第2節 | 採用のオンライン化 | 194 |

## 第9章　採用担当者の心得

| 第1節 | 内定をめぐる諸問題 | 198 |
| 第2節 | 採用とハラスメント | 202 |
| 第3節 | リファレンス・チェック | 204 |
| 第4節 | 採用と人権 | 206 |
| 第5節 | 女性と採用 | 210 |
| 第6節 | 障害者と採用 | 212 |
| 第7節 | 外国人と採用 | 216 |
| 第8節 | 正規雇用と非正規雇用 | 219 |
| 第9節 | 採用に関する法的ルール | 222 |

## 付録：採用力検定試験［基礎］　問題集

| 問題 | 228 |
| 解答・解説 | 244 |

## 参考文献・Web サイト一覧

・日本採用力検定協会公式ホームページ（https://saiyouryoku.jp/）
・HR プロ公式ホームページ『HRpro 用語集』（https://www.hrpro.co.jp/glossary.php）
・服部 泰宏『採用学』新潮社（2016 年）
・曽和 利光『人事と採用のセオリー』ソシム（2018 年）
・釘崎 清秀 、伊達 洋駆『「最高の人材」が入社する採用の絶対ルール』ナツメ社（2019 年）
・伊達 洋駆『オンライン採用』日本能率協会マネジメントセンター（2021 年）
・今野 浩一郎 、佐藤 博樹『マネジメント・テキスト 人事管理入門＜新装版＞』
　日本経済新聞社（2022 年）
・曽和 利光『採用面接 100 の法則』日本能率協会マネジメントセンター（2022 年）

第1章

# 採用力とは何か

第1節　日本型雇用システムの独自性

第2節　採用活動における課題

第3節　「採用力」とは何か　[概論]

第4節　「採用力」のフレームワークと構成要素

第5節　採用力【1】「マインド」の向上

第6節　採用力【2】「ナレッジ」の向上

第7節　採用力【3】「スキル」の向上

第8節　採用力【4】「アクション」の向上

第9節　採用力【5】「パースペクティブ」の向上

第10節　人的資本の開示と採用

# 日本型雇用システムの独自性

## 日本型雇用システムのメリット・デメリット

　多くの日本企業では、職業能力を持っていない求職者を入社後に育成する「新卒一括採用」を行っています。一方で欧米企業においては、その時点で企業が必要としている能力を持つ人材を採用するのが一般的です。 日本の企業が「育成ありき」の採用を行っているのに対して、欧米企業は「能力ありき」の採用を行っています。従来の日本型雇用スタイルを「メンバーシップ型」、欧米の雇用スタイルを「ジョブ型」と呼ぶこともあります。

　多くの日本企業では、社員は主に異動等を通じて、さまざまな仕事を経験しながら能力を高めていきます。その過程で昇進・昇格し、管理職となって、やがて定年退職の年齢になると会社を去ります。入社した企業に定年まで勤め上げることが一般的とされるこの雇用慣行は、「終身雇用」と呼ばれることもあります。

　社員が1つの会社に定年まで勤め上げる理由のひとつとして、日本の独特な給与体系が挙げられます。入社時は安い賃金からスタートし、年齢が上がっていくにつれて賃金が上がっていくという「年功序列」型の給与体系です。個々の社員の能力によって給与に大きな差がつくのではなく、勤続年数に比例して給与が上がっていくことが欧米の給与体系との大きな違いです。

　この「新卒一括採用」「終身雇用」「年功序列型賃金」の3つが、日本の雇用システムの根幹をなしており、戦後日本の高度経済成長を支えたと言われています。

## 雇用環境の変容

　しかし、転職市場の活性化、非正規雇用や限定正社員（働く時間、場所等に限定のある正社員）の拡大による雇用形態の多様化などが進む中で、日本型雇用システムを支えてきたこれらが、現状にそぐわないものとなってきています。

　「新卒一括採用」と「長期雇用」「年功序列」については、次のようなメリットとデメリットが考えられています。

## 日本型雇用システムのメリット・デメリット

|  | メリット | デメリット |
|---|---|---|
| 新卒一括採用 | ●採用に関するマンパワーやコストの効率化<br>●イチからの育成が可能 | ●採用後に育成コストが必要<br>●被採用者が画一的になりがち<br>●就活生の学業を阻害することがある |
| 長期雇用 | ●社員の雇用保障による安心感、自社への忠誠心<br>●失業率の低下 | ●危機感・向上心の減退<br>●経営状況や事業構造が変わっても解雇しにくい |
| 年功序列 | ●社員の帰属意識の向上、安心感、家族的一体感<br>●離職率の低下 | ●成果に対する評価が即座に反映されにくい<br>●社員の高齢化による人件費の増大 |

## 雇用システムの将来

　従来の日本型雇用システムは、労働市場のグローバル化や働く意識の変化により見直しが求められています。

　ただし、こういった変化は長期的な視点で考える必要があります。たとえばバブル期とその崩壊後の採用人数に顕著な落差がありましたが、これは短期的な視点から新卒採用を「人材コストの調節弁」とみなしたために起こりました。これにより生じた社員のいびつな年齢構成によって、現在、多くの企業が苦労しています。

　また、現在の日本においてはご存知の通り、少子高齢化が続いています。リクルートワークス研究所の「未来予測2040」の労働需給シミュレーションによれば、2030年には341万人、2040年にはなんと1100万人の労働供給不足が予測されています。これらは機械化や業務の効率化、シニアの活用などによって埋め合わせられようとしていますが、おそらくすべてを賄うことはできないでしょう。

　「社員」は企業にとっての屋台骨です。その入り口である「採用」には、これらの外的条件を踏まえた上で、自社の将来を含めた長期的な視点が必要です。

# 採用活動における課題

　企業が市場の中で生き残るために必要な資源が「人」であり、その資源を獲得する第一歩が「採用」です。

　しかし、「採用が上手くいかない」と感じている採用担当者は数多くいます。これはなぜでしょうか。

## 求職者の抱える2つのジレンマ

　「求職者」の視点から見ると、就職（転職）活動には2つの難しさがあります。

### 1 短い期間で企業を選ばなければならない

　特に新卒採用においては、会社を選ぶための期間が往々にして短いという問題があります。入社を決めるにあたって、何年もかけて情報を集めて吟味し、1社1社を慎重に検討する余裕がある求職者はあまりいません。

　就職や転職は人生における重大な決断のひとつです。それにもかかわらず、新卒採用の求職者は、たった数か月の間にその決断を下さなければなりません。中途採用の転職希望者も、自分にとって都合のよいタイミングと採用側にとって都合のよいタイミングが重なる期間は限られています。

### 2 入社しなければ入社後のことは分からない

　入社前から企業のことを深く知るのは難しいものです。インターンシップなどを行っている企業もありますが、そこで企業が求職者に見せることができる情報は限られています。新入社員として入社し、時間をかけて仲間とともに働いてはじめて、企業の実態を理解できます。

　就職（転職）の意思決定までが短期間のため、「よく知らない企業」を幅広く深く調べることは困難です。その上、「入社しないと実態が分からない」という不安の中では、「よく知らない企業」を選ぼうという気持ちになりにくくなることは避けられません。

　このような求職者をめぐる状況と心理が、一部の「誰もがよく知る有名企業」の求人に多くの応募が集まり、多くの「あまり知られていない企業」の求人には人が集まらないという構造を形成します。知名度の低い企業の中にも、求職者によっては、有名企業よりも適した企業が存在するはずです。しかし有名企業が有

利になりがちな現在の構造では、一部の企業と一部の求職者が満足するような、限られたマッチングしか行えていないといえます。

## 人材の「最適配置」とは

　企業の採用活動は、就業の場を求める「個人」と、働き手を求める「企業」が出会う機会を創り出します。個人はさまざまな企業の中から特定の企業を選び、企業はさまざまな個人の中から特定の個人を選びます。個人と企業の選択が一致すれば、個人は企業に入社します。個人にとっては「入社すべき企業に入社できている状態」、企業にとっては「採用すべき個人を採用できている状態」が望ましく、これが達成できている時、「最適なマッチング」が達成されているといえます。

　もし、そのようなマッチングがすべての個人と企業の間で行われていれば、人材の社会的な「最適配置」が実現するわけです。しかし、残念ながら、現実はまだ最適配置からは程遠い状況にあります。

## マッチング精度を高めるアプローチ

　では個人と企業のマッチング精度を高めるには、どうすればよいのでしょうか。大きく分けて、2通りのアプローチがあります。

　第一に、「トップダウン」のアプローチです。政府や経済団体などの公的機関が講じる施策によって、マッチング精度を向上させようとするものです。第二に、「ボトムアップ」のアプローチです。各社が努力を積み重ねる方向性であり、特に採用担当者・リクルーター・面接官等、採用に関わる人々の広い意味での「能力」を向上させようとするものです。

　トップダウンのアプローチは一見、抜本的な改革が可能に見えますが、就職活動の解禁時期に関する施策に代表されるように、十分な効果を得られていないのが現状です。他方、ボトムアップのアプローチは、地道で時間がかかるという弱点があるものの、一歩一歩、最適配置に近づくことができるという点が魅力です。

　着実にマッチング精度を高めることができるのは、ボトムアップのアプローチです。そして、これを進めるためのキーワードになるのが「採用力」です。

　「採用力」については次節以降で詳述しますが、企業は「採用力」を向上させることによって、個人と企業のマッチング精度を高め、社会的な最適配置の実現に貢献することができます。

# 「採用力」とは何か［概論］

## 採用力とは何か──大切な「企業最適」と「社会最適」の視点

一般社団法人日本採用力検定協会は、以下の2つの側面から定義される「採用力」を、採用活動における重要な観点として提唱しています。

1つ目の定義は、「企業にとっての適材を効率的、効果的に採用するために求められる力」というものです。この「企業にとっての適材を効率的・効果的に採用すること」を、同協会では「企業最適」と呼んでいます。

採用といえば、一般的にはこの「企業最適」のための採用が想定されますが、日本採用力検定協会は、「採用とは社会全体で人材を最適配置するための活動である」という視点も重視しています。したがって、「社会全体で人材を最適配置するために求められる力」という「社会最適」を重視した定義が「採用力」のもう1つの定義になります。

採用に関わる人には「企業最適」に加えて「社会最適」の視点を備えた「採用力」が求められます。この「採用力」が求められる背景について、本節では説明していきます。

## 何のために人材を採用するのか──「成長」と「定着」

企業が採用活動を行う理由のひとつは、企業を「成長」させることです。創業者1人、担当者1人で実現できる事業の大きさには限界があり、一定の人数（＝人材）が求められます。事業立ち上げの時はもちろん、事業拡大の際に、新しい人材を募集している企業を見ることも多いでしょう。採用活動は、企業が成長するための原動力です。

また、採用活動は企業の現状を「維持」する上でも大切な役割を担います。

企業は、定年をはじめとした離職によって、自然に人員が減ります。それを放置すると、組織としての活動を維持することができなくなるため、その分の人員を補充する必要があります。

ただし、新卒採用にせよ中途採用にせよ、人材を入社させればそれで終わりではありません。採用した人が自社に「定着」するように働きかけることも不可欠です。新入社員がすぐに辞めてしまったり、組織の一員として力を十分に発揮してくれな

かったりすれば、その人を採用した意義が薄れてしまいます。それゆえ、どの企業も、自社に定着し、期待された役割を果たすことのできる人材の採用を目指します。

## 採用担当者は社内についての事情通でなければならない

採用活動は自社を維持・成長させるために必要な活動です。採用担当者は、自社の現状を的確に把握し、将来像を見据えた上で、どんな人材を獲得するべきかを定義しなければなりません。それが欠けたままで漠然と採用活動をしていると、会社の成長や存続が難しくなってしまいかねません。場合によっては、「自社の目指す方向に合わない人材が居残って困っている」というケースもあり得ます。

採用担当者には、人事面の事情はもちろんのこと、経営の方針や力を入れている事業など、自社の事情に関して深い理解が求められます。

## 採用担当者は社外の事情についても知っておかなければならない

一方で採用には「競争」という側面もあります。自社が採用活動に取り組む背後では、他社も採用活動を行っています。その中で求職者に自社を選んでもらわなければなりません。それゆえ採用担当者は、「社内」だけでなく「社外」の情報にも精通している必要があります。自社を受ける人は他にどんな企業を受けているのか、それらの企業はいつ、どのような戦略で採用を行っているのか、他社と比較したときの自社の強み・弱みとは何か。こうしたことを把握した上で、自社に適応し、活躍してくれる人材を獲得しなければなりません。

## 採用担当者は求職者をサポートする案内人

採用担当者の仕事は、「企業」のみならず、「求職者」にとっても重要です。就職活動において求職者が触れる情報を用意するのは、採用担当者です。また、多くの場合、求職者が初めて対面する社員は採用担当者となるでしょう。採用に関する研究によると、採用担当者の振る舞いや雰囲気、求職者から見た優秀さなどが、「求職者がその会社を魅力的に感じるか」「その会社に入社したいと思うか」に一定の影響を与えることが分かっています。

つまり、採用担当者には会社側の立場だけではなく、求職者の案内人としての立場に立ち、就職活動における伴走者となることも求められているのです。

求職者にとって、採用担当者が心強い案内人、伴走者になれるかどうかは、採用担当者の動き方にかかっています。

# 「採用力」のフレームワークと構成要素

## 採用力の5つのカテゴリー、17の要素

　本節では、日本採用力検定協会が提唱している採用力の構成要素を紹介します。

　採用力は、「マインド」（姿勢）、「ナレッジ」（知識）、「スキル」（技能）、「アクション」（行動）、「パースペクティブ」（視座）の5つのカテゴリーから構成されます。5つのカテゴリーの中に、よい採用を行うために求められる17の要素が含まれています。

　下の図でカテゴリーと要素の全体像と関係性を確認してください。また、次頁では各要素の定義を示しています。各要素の詳細は次節以降で解説します。

### 採用力の構成要素

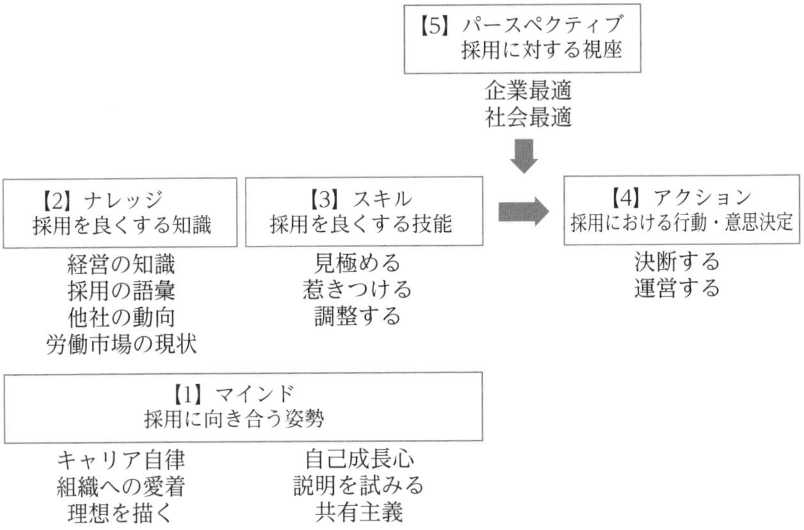

【5】パースペクティブ
採用に対する視座

企業最適
社会最適

【2】ナレッジ
採用を良くする知識

経営の知識
採用の語彙
他社の動向
労働市場の現状

【3】スキル
採用を良くする技能

見極める
惹きつける
調整する

【4】アクション
採用における行動・意思決定

決断する
運営する

【1】マインド
採用に向き合う姿勢

キャリア自律　　　自己成長心
組織への愛着　　　説明を試みる
理想を描く　　　　共有主義

## 【1】 マインド　採用に向き合う姿勢

[1] キャリア自律 …… 自身の職業生活について当事者意識や展望を持つこと

[2] 組織への愛着 …… 所属している会社に対して愛着や一体感を持つこと

[3] 理想を描く ……「理想の採用とはどのようなものか」を考えること

[4] 自己成長心 …… 自分自身の成長に関心を持つこと

[5] 説明を試みる ……「何故そうするか」を言葉で説明しようとすること

[6] 共有主義 …… 他社と採用に関する情報交換を行おうとすること


## 【2】 ナレッジ　採用を良くする知識

[7] 経営の知識 …… 経営に関する理解を深めること

[8] 採用の語彙 …… 採用活動についての事柄を表現する言葉を豊かに持つこと

[9] 他社の動向 …… 他社の採用について把握すること

[10] 労働市場の現状 …… 求職者の傾向を理解すること


## 【3】 スキル　採用を良くする技能

[11] 見極める …… 応募者を適切に選抜できること

[12] 惹きつける …… 応募者の自社に対する志望度を上げられること

[13] 調整する …… 採用を前に進めるために社内外の資源を動員できること


## 【4】 アクション　採用における行動・意思決定

[14] 決断する …… 採用において決めるべき事柄を決めること

[15] 運営する …… 採用に関する一連のプロセスを安定的に遂行すること


## 【5】 パースペクティブ　採用に対する視座

[16] 企業最適 …… 自社にとって望ましい採用のあり方を考えること

[17] 社会最適 …… 社会にとって望ましい採用のあり方を考えること

# 採用力【1】
# 「マインド」の向上

## 【1】キャリア自律を高める

### = 「自分のキャリアを自分で作ること」

「自分の職業人生の主人公は自分だ」と認識し、自分の将来のキャリアを思い描くことで、納得のいくキャリアを歩める可能性が高まります。逆にキャリアを自律的に設計せず企業任せにしていると、採用に関わる業務への取り組みや成長への向上心を持ちにくくなりがちです。

> ➡ 過去を振り返って「自分の職業人生において重視する価値観」を探りましょう。その上で、現在の仕事の意味づけを行い、将来を展望するとよいでしょう。

## 【2】組織への愛着を高める

### = 「自分が所属する組織に愛着や一体感を持つこと」

「会社をよくしたい」という気持ちで採用を行えば、採用の成果が会社の成果につながります。自分の会社に愛着があれば、会社をより良いものにしていくために、より良い採用を実施しようと思うことができます。

> ➡ まずは会社の中にどのような人がいるか、どのような思いで働いているかを知りましょう。「この人たちのために頑張りたい」と思えるかもしれません。

## 【3】理想を描く

### = 「『理想の採用』について考えること」

「理想の採用とはどのようなものか」を考え続け、今の採用がそれとどう違うのかを検討することで、現実を理想に少しずつ近づけることができます。採用の世界における「流行」に振り回されずに検討することが重要です。

> ➡ 「自分の理想とする採用」を言葉にしてみましょう。さらにその理想像を周囲の人に伝えて議論し、洗練させていきましょう。

## 【4】自己成長心を高める

### =「自身の成長に関心を持つこと」

専門性を高めたいという成長心を持つことによって、その機会をみずから積極的に求めるようになり、成長の可能性も高まります。成長志向が高い人は、自分に対するフィードバックを積極的に得ようとします。

> ➡ 「何歳になっても人は成長していけるものだ」という信念を持ち、成長する機会を求めましょう。また、耳が痛いことであっても周囲からのフィードバックを受け入れ、改善していく姿勢を持ち続けましょう。

## 【5】説明を試みる

### =「『何故そうするか』を言葉で説明しようとすること」

施策のひとつひとつを精度の高い言葉で説明できるよう努めることで、それぞれの施策の意図が明確になり、なぜ上手くいっているか／上手くいっていないかという効果の検証や改善を行いやすくなります。

> ➡ 「言葉で明確に説明すること」が大切です。このプロセスは個人だけでなく、チームで行うのも有効です。施策の理由や意図を、現場社員や経営層に語る機会を増やしていきましょう。

## 【6】共有主義の姿勢を持つ

### =「他社と採用などに関する情報交換を積極的に行うこと」

他社との情報交換は消極的になりがちですが、自社の採用を巡る現状や課題を伝えることで、他社からも有益な情報を共有してもらえます。採用について情報を豊かに持てば、自社の採用の設計や見直しに役立ちます。

> ➡ 外部のセミナーや研修に出向いてみましょう。最初は競合企業との情報交換に躊躇があっても、実は各社で同じような課題を抱えており、担当者同士が意気投合してよい付き合いのできるケースが多くみられます。

# 採用力【2】
# 「ナレッジ」の向上

## 【7】 経営の知識を持つ

### = 「経営に関する基本知識を持つこと」

経営者ではなくとも、経営の知識を持っていれば、経営層と深いレベルで議論が行えます。会社全体にとって有益な採用を実行しやすくなり、採用の成果が企業経営上、重要な意味を持つようになります。経営の方向性を理解するためにも、経営全般に関する基本的な知識を持っていることは大切です。

➡ 財務諸表や経営戦略に関する勉強を進めましょう。経営層とのコミュニケーション頻度を増やすのも一策です。経営層と深いレベルで議論することにより、会社にとって意味のある採用を実施しやすくなります。

## 【8】 採用の語彙を豊富にする

### = 「採用や人材に関する事柄を表現する言葉を豊かに持つこと」

採用方針や人材要件のイメージを具体化するには、語彙（言葉）を豊富に持っている必要があります。イメージを的確な言葉で表現できる「採用の語彙」があれば、採用の方針や人材要件を、現場社員や求職者をはじめとする社内外の人々と共有することが可能になります。

➡ 現場社員や経営層、社外の人との対話の機会を持ち、そこで使われている言葉を意識的に収集することで、採用や人材についての語彙を増やすことができます。採用に関する書籍はもちろん、一般的なビジネス本や文芸作品、新聞等に目を通す際にも、「施策を表現する語彙」「人物を表現する語彙」等に敏感になるよう心がけておきましょう。

## 【9】 他社の動向について知る

### = 「他社の採用の動向を把握すること」

他社の動向が分かっていれば、自社の採用の前例を絶対視することなく、改善を行うことができるようになります。社会や業界の雇用環境に対応するため、自社の採

用を客観的に振り返るためには、他社の事例が良質な参考情報となります。

➡ 他社の採用担当者と話をする機会を作りましょう。採用支援企業等が開催する事例報告会に足を運ぶことを勧めます。同業他社の担当者と交流を持つことも有益です。

## 【10】労働市場の現状について知る

### =「求職者の傾向を理解しておくこと」

自社が対象とする労働市場について、現状が分かっていないと、的外れな施策を講じてしまうリスクが生じます。労働市場の動向を把握することにより、求職者の状況を踏まえて採用を進めることができます。

➡ 労働市場の動向を解説するセミナーに参加したり、Web で公開されているレポートに目を通したりするとよいでしょう。労働市場の動向に詳しい人材関連企業やコンサルタントの力を借りることも1つの方法です。

---

### コラム　本書における「採用する側／される側」の呼称

　ここまでで何度か、採用する側を「企業」「採用担当者」、採用される側の人を「求職者」「人材」などと称しています。本書では採用する側／される側を表す言葉として、採用活動の段階に応じて使い分けを行っています。

#### ①採用する側

　「企業」：採用活動を行う会社や団体などの組織について、その総称として使用しています。

　「採用担当者」：「企業」において、採用を実務として行う担当者を指しています。

　「人事担当者」：採用を含め、人事全般の実務を行っている人のことです。

#### ②採用される側

　「人材」：社会で働く人全般を指す言葉として使用しています。

　「求職者」：「人材」のうち、就職（転職）の意思に基づいて行動している人の総称です。

　「エントリー者」：「求職者」のうち、「企業」の求人に申し込んだ段階の人です。

　「応募者」：求人に申し込んだ後、採用選考に進んでいる「求職者」のことです。

　「内定者」：採用選考を突破し、企業からの内定発令を受諾した人を指します。

　このほかに、第3章では「候補者」という言葉も出てきます。こちらは採用する側から見た、「自社に入社してくれそうな求職者」のことを指しています。

# 採用力【3】
# 「スキル」の向上

## 【11】 見極める力をつける

### =「応募者の適性や能力、ポテンシャルなどを適切に評価できること」

先入観にとらわれることなく、応募者のさまざまな特性に対して妥当な評価を下すことは、採用担当者にとって必要な能力のひとつです。表面的な印象の評価にとどまっていては、適切な採用はできません。応募者が現在持っている能力やポテンシャル、性格や志向性、自社の社風や業務に対する適性をきちんと評価する必要があります。

➡ ある求職者に対して自分が下した評価と、他の担当者が下した評価の内容を比較することによって磨くことができます。心理学などの基礎知識を学ぶことも必要です。危険なのは「『自分が先入観を持っていること』に無自覚であること」であり、少なくとも「自分の見極めにはバイアスがかかっている可能性がある」という意識を持つことが重要です。

## 【12】 惹きつける力をつける

### =「応募者の志望度を上げられること」

「惹きつける力」は、自社を就職先・転職先として魅力的に感じてもらい、求職者の自社への志望度を高めることです。採用面接においては、本心から「一番入りたいのはこの企業だ、他の企業にはまったく魅力を感じない」という求職者は稀です。その際に、この「惹きつける力」が有効に働きます。

➡ 前提として、採用担当者自身が自社に愛着を持っている必要があります。また、応募者側の価値観を把握することも大切です。これらのことを踏まえた上で、自分の性格や能力に合った「惹きつけ」の方法を模索してみましょう。

## 【13】調整する力をつける

### =「必要に応じて社内外の資源を動員できること」

自社の採用の方向性を変えなければならないとき、あるいは新しい採用方法を試したいときには、上司や経営者の合意を得ることが欠かせません。ときには社外の人に協力を仰ぐべきこともあります。

➡ 日頃から社内の人、特に役職者や経営層との交流を心がけましょう。また、採用が企業の将来に対して重要性を持つことを、機会を見つけて繰り返し説明しましょう。人に動いてもらうときには、その理由や必要性をきちんと説明できるよう整理しておくことが大切です。

---

**コラム**　　　　　　採用における「優秀」という言葉

本書においては、しばしば「優秀」という言葉を用いていますが、優秀さには2つの意味があり、それらを区別する必要があります。

1つは、労働市場において一般的に評価されるという意味合いです。多くの企業が高い評価を与えることを指して、優秀と呼ぶケースです。たとえば、社交的で話し好きな外向性の高い人材は、社会的に高い評価を受ける傾向にあることが分かっていますが、これはこの意味での優秀さを表しています。

もう1つの優秀さは、自社にフィットするという意味合いです。他社による評価は関係ありません。自社の労働環境において上手く定着・活躍する可能性が高いことを指して、優秀と定義します。この意味での優秀さの要件は、各社で異なっています。

本書で優秀さに言及する際には、特に断りがない限り、後者の意味で用います。なぜなら、採用活動は自社で定着・活躍する人材を獲得する活動であり、後者の優秀さを持つ人材を採れれば十分だからです。

さらに踏み込んで言えば、前者の優秀さはあまり持たないものの、後者の優秀さは持っている人材を多くの企業が採用すれば、社会全体として人材の最適配置につながる可能性も高まるでしょう。

# 採用力【4】
# 「アクション」の向上

## 【14】 決断をする力をつける

### ＝「決めるべきことを適切に決断できること」

一度設計した採用の方針や施策が、いつまでも有効だという保証はありません。前例にとらわれず、状況に応じて変更の決断をすることも大切です。

> ➡ 採用活動は前例主義に陥りがちです。企業と社会にとって有益な採用を行うべく、ときには思い切って新しい施策を実行するようにしましょう。

## 【15】 適切に運営する力をつける

### ＝「採用プロセスを安定的に遂行すること」

採用に関わる一連のプロセスを安定的に遂行することを指します。安定的な遂行ができないと、とりわけ採用プロセスの後半において応募者の志望度を大きく下げることになります。採用の成果を高めるためにも、採用プロセスを事前の計画に沿って完遂することが重要です。

> ➡ プロジェクトマネジメントについて学びましょう。プロジェクトを構成する各活動の計画立案、工程表の作成、進捗管理などについての知見を得ることができます。また、イレギュラーな事態が生じたときなどに、柔軟に動いて助けてくれる理解者を社内に作っておくことも有効です。

# 採用力【5】
# 「パースペクティブ」の向上

## 企業最適の視座を意識する

### =「自社にとって望ましい採用を考えること」

自社の発展と維持のため、自社にとって望ましい採用のあり方について検討を重ねる必要があります。この観点がなければ、有効な採用は行えません。採用計画人数の充足や採用活動の効率化に固執する「採用担当者最適」にとどまるのではなく、より高い視座に立って採用活動に取り組むことを意識しましょう。

➡ 採用が自社の経営や事業にどのように貢献できるかを考えましょう。経営層とのディスカッションを定期的に行うことが有効です。デスクワークだけではなく、ときには現場に出向き、ときには社外に出て、客観的・多層的な視点から自社を見るよう心がけましょう。

## 社会最適の視座を意識する

### =「社会にとって望ましい採用を考えること」

採用は自社だけではなく、求職者を巻き込む社会的な活動です。そのため採用活動は、求職者にとっても、自社にとっても、社会にとっても、公正で意義あるものとして行わなければなりません。

➡ 自社の採用が求職者にどのような影響を与えているのか、どのような便益あるいは負担をかけているのか、求職者の目線で見つめ直してみましょう。ジェンダーの問題や世代間格差、雇用形態の多様化、コンプライアンス、人権など、社会情勢に広く意識を向けることも非常に重要です。ひとつひとつの企業の動きが積み重なって、社会全体が動くことを意識しましょう。

# 人的資本の開示と採用

　人的資本経営に社会的な関心が集まっています。関心や動きは変化するものですが、人事領域においても、この用語はしばしば言及され、定着し始めているといってもよいでしょう。

　人的資本という概念は、もともとノーベル経済学賞を受賞した経済学者ゲイリー・ベッカーが注目した概念です。人的資本とは、個人のレベルで見れば従業員それぞれが持つスキルや知識、組織のレベルで見れば組織全体が持つスキルや知識の総和を指します。

　従来、人材に関わる費用はコストとして位置づけられることが一般的でした。しかし、従業員の能力開発に注力することが有効であるという認識が広がり、人材に関わる費用はコストではなく、将来の経営成果を生む投資であるという考え方が支持を集めるようになりました。これが人的資本を支える考え方です。

## 人的資本開示に向けた国内外の動き

　人的資本の重要性が認識されるようになり、世界各国で企業の人的資本に関する情報開示を促す動きが、非財務情報開示の文脈で進んできました。

　2024年5月までの主な動きをいくつかピックアップすると、たとえば、2014年に欧州連合（EU）が出した非財務情報開示指令（Non-Financial Reporting Directive）が挙げられます。そこにおいては、企業の社会的責任と持続可能性に関する報告を促すことを目的に、人的資本を含む非財務情報の開示が要求されています（なお、非財務情報開示指令は2021年に企業サステナビリティ報告指令にアップデートされています）。

　一方、米国では2020年に米国証券取引委員会（SEC）が、株式を公開する企業に対し、人的資本に関する開示を強化する規則を取り入れました。これは人的資本管理開示（Human Capital Management Disclosure）と呼ばれています。

　日本においても、2020年9月に「持続的な企業価値向上と人的資本に関する研究会」の報告書が出されました。「人材版伊藤レポート」と通称されるこの報告書では、人的資本経営が企業の価値向上にいかにつながるかが述べられています。人材版伊藤レポートは、人事領域に大きな影響を与えました。これと前後し

て、人的資本開示に向けた国内の動きが活発化しています。たとえば、内閣官房・経済産業省が人的資本可視化指針を出しました。企業が人的資本の情報提供を行うためのガイドラインです。さらに、金融庁による企業内容等の開示に関する内閣府令等の改正が行われ、投資家保護および企業の持続的な成長を支援するため、人的資本を含む非財務情報の開示強化が示されました。

　厚生労働省による女性活躍推進法の改正や育児・介護休業法の改正も、一連の動きの中に位置づけることが可能です。女性活躍推進法は、企業において女性が働きやすい環境を整備し、性別にかかわらず能力を発揮できることを目指す法律で、令和4年の改正によって企業に女性管理職比率等に加えて男女の賃金格差の情報開示を求めています。

　育児・介護休業法は、従業員が育児や介護に必要な休業を取得できるようにすることを目的とする法律です。令和3年の改正に際して、育児休業や介護休業の取得条件が緩和され、家族のケアを行いながら働く人に対する支援を厚くする改正が行われましたが、それとともに育休取得の状況の公表が義務付けられました。

## 開示の難しさと求められること

　2018年に国際標準化機構（ISO）が発表したISO30414では、人的資本を定量的あるいは定性的に開示するための指針を提供しています。また、前述した米国証券取引委員会が人的資本の開示を義務化したことにより、開示項目に対する注目が高まっています。

　しかし、企業が実際に自社の人的資本を開示する際、「これに従えば良い」という標準的なフォーマットが日本国内で広く受け入れられているわけではありません。日本から見ると、一歩進んでいるとされる米国においても、人的資本の開示内容は定型的なものにとどまり、情報量が不足していると指摘されています。人的資本の開示を実践することは容易ではありません。

　それにもかかわらず、人的資本が企業の存続に重要な影響を及ぼし、人的資本の開示が企業価値の向上に寄与する可能性があることを検証した研究が提出され始めています。今後、人的資本に関する情報開示の流れが速まることはあっても、大きく停滞したり後退したりすることは考えられません。

　人的資本を開示する際に、ステークホルダーが求めるひとつの要素として、ストーリーのある開示があります。たとえば、人的資本の開示で世界的に有名なドイツ銀行の場合、トップのメッセージとして企業戦略を示し、それを実現するた

めの人材戦略を策定した上で、人材戦略を推進するための数値目標を設定し、目標達成に向けた人事施策を講じています。

人的資本は、単に数値を断片的に提示するだけではなく、その数値を企業全体の活動の中に位置づけ、社内外に分かりやすく伝える必要があります。

## 求職者も人的資本情報を確認する

ここまでの説明を通じて、人的資本およびその開示は投資や ESG に強く関連しており、採用活動とはあまり関連がないように感じる人もいるかもしれません。しかし、人的資本の開示は採用活動と深く関係します。

人的資本の情報を開示することによって、企業の人材育成やスキルに関する現状や目標が、労働市場において透明性をもって示され、求職者はその情報を目にすることになります。これは、求職者が企業に対する印象を形成する際の重要な情報源となります。

キャリアや成長を重視する求職者が増えています。人的資本の開示はそうした人材を惹きつけ、人材獲得競争において自社を差別化する機会を提供します。また、人的資本の開示が求められる背景には、企業の持続可能な発展を示す意図がありますが、そうした情報は長期間にわたりその企業で働きたいと考える求職者の関心を引くでしょう。

求職者は、入社を検討している企業に関する情報が十分に得られないことに不安を抱えています。手持ちの情報が不足している状態を、専門的には「不確実性が高い状態」と表現します。人は不確実性をストレスと感じるため、可能な限り不確実性を減らそうと動機づけられます。

人的資本の開示は、このような不確実性を少しでも減らしたいと考える求職者にとって有効な情報となり、積極的に参照されることになるでしょう。今後、人的資本はこれまで以上に採用活動に深く関わってくることが予想されます。

## 実態に即した人的資本情報を開示する

採用活動と人的資本開示の関連について注目すべき点があります。それは、人的資本の開示を行う際に、実態に即した情報を提供する必要があるということです。

前述の非財務情報の開示に関する研究では、企業が情報開示の際に自社の良い面を強調し、悪い面を隠そうとする傾向があることが報告されています。このこ

とが非財務情報のひとつである人的資本の開示にも当てはまるとしても、何ら不思議ではありません。

　人的資本の開示において、企業には「自社を良く見せたい」という強い動機が存在するのです。特に、人的資本情報を求職者が確認しており、それが採用に影響を及ぼす場合、この動機はさらに強まるかもしれません。

　とはいえ、実態から乖離した情報を提供したり、良い面だけを強調して悪い面を隠したりすると、求職者が入社後に「この企業について誤解していた」と感じ、苦しむことになるかもしれません。入社前の期待と入社後の現実のギャップに衝撃を受けることを「リアリティ・ショック」と呼び、これが早期離職の主な要因のひとつであることが明らかになっています。

　実態に即した開示を行うためには、まず社内への開示が重要になります。人的資本の開示は社外向けだけではありません。社内向けの開示も推奨されています。ガイドラインによっては社外開示よりも社内開示の項目が多い場合もあります。

　まず、従業員に自社の人的資本に関する情報を開示しましょう。従業員は実態を誰よりもよく知っています。社内で開示した情報に対する従業員の感想を得るようにすれば、もし乖離があれば、それを指摘してくれるでしょう。従業員からのフィードバックを踏まえて情報を精査し、その上で求職者に向けた情報提供を行うと良いでしょう。

# 受験者の声

## 採用業務10年以上、自分の知識の棚卸ができました

　「採用力検定」って何を判定するのだろう、という興味もありつつ、10年以上採用を仕事としてきた自分としては、自信を持って試験に臨みました。しかし、内容として簡単ではありませんでした。採用自体の設問は当然のこと、関連する労務問題などもあり、分かっているようで分かっていなかったことが判明しました。

　採点結果が分野別に出ているので、自分の強みと弱みが理解できるのは良いと思います。弱い部分を再度学び、再び受験して弱い部分が強化されたのかを自己理解できそうなので、再チャレンジしたいと思います。

　採用担当者としての経験初期ですと難しい部分もありそうですが、そういう方でも、ランクを上げていく指標として受験し、実務に反映させていくことが可能だと思います。

専門店・アパレル・商社 採用担当者

# 採用戦略の策定

第1節　採用の成功＝企業力×採用力

第2節　採用における「戦略」とは

第3節　人材ポートフォリオの設定

第4節　人材フローの設定

第5節　人材要件の4つのポイント

第6節　人材要件の設定方法

第7節　「人材要件」から「ペルソナ」を作る

第8節　経営層や現場との意思疎通

第9節　新卒採用と中途採用

# 採用の成功 = 企業力×採用力

## 「求職者への認知度」×「採用リソースの豊かさ」で考える

　企業における採用の成功に影響を与える要素は、２つの軸で整理できます。第一の軸は「求職者への認知度」、そして第二の軸は「採用リソースの豊かさ」です。採用リソースとは、採用活動に投入できるヒト・モノ・カネなどの資源を指します。

### ●第一の軸：求職者からの認知度

　「自社が求職者にどの程度知られているか」を意味します。たとえば、消費者を顧客にする企業（BtoC企業）は、求職者の認知度が高い傾向にあります。一方、法人を顧客にしている企業（BtoB企業）の場合、いくら業界内で存在感があったとしても、求職者には名前すら知られていない場合があります。

　求職者への認知度は、自社と採用で競合する他社のエントリー人数を比べることで推測することができます。競合企業のほうが、採用予定人数に対するエントリー人数の割合が大きいなら、自社の認知度には課題があることが分かります。

### ●第二の軸：採用リソースの豊かさ

　これは「採用活動に投入できる資源が豊富かどうか」を意味します。たとえば、自社に専任の採用担当者がいる、あるいは自社内に複数名からなる採用のチームがある場合は、採用に関する人的リソースは豊富にあるといえます。また、採用で競合する他社と比べて、採用者１人あたりの採用費用が少ない場合、採用リソースは十分ではないと解釈できます。

　以上の「求職者への認知度」と「採用リソースの豊かさ」の２軸を組み合わせると、次に示す４種類の採用環境が浮かび上がります。

## 「認知度」と「採用リソース」の組み合わせから見える4つの環境

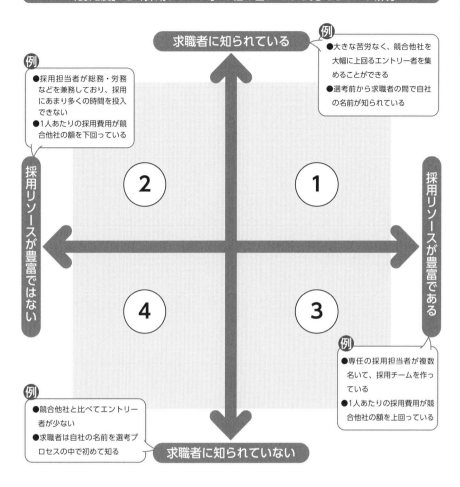

**求職者に知られている**

例
- 大きな苦労なく、競合他社を大幅に上回るエントリー者を集めることができる
- 選考前から求職者の間で自社の名前が知られている

例
- 採用担当者が総務・労務などを兼務しており、採用にあまり多くの時間を投入できない
- 1人あたりの採用費用が競合他社の額を下回っている

**採用リソースが豊富ではない**

**採用リソースが豊富である**

② ①

④ ③

例
- 専任の採用担当者が複数名いて、採用チームを作っている
- 1人あたりの採用費用が競合他社の額を上回っている

例
- 競合他社と比べてエントリー者が少ない
- 求職者は自社の名前を選考プロセスの中で初めて知る

**求職者に知られていない**

出展：『「最高の人材」が入社する採用の絶対ルール』（ナツメ社）より一部改変

### ① 求職者に知られている×採用リソースが豊富である

　これはもっとも順調に採用を進められる環境です。他の環境と比べ、施策の工夫が少なくても採用予定人数を充足することができます。しかし、採用環境があまりに良好であるために選抜の目的が「落とすこと」になってしまいがちです。

　そのような選抜を行わないためには、募集段階で人材要件に合った求職者を適切に集めることが重要です。玉石混交の大量候補者集団ではなく、自社に合った求職者が高い割合で含まれている候補者集団を作ることができれば、見極めを効果的に行うことができます（➡ P.70 セルフスクリーニング）。

### ② 求職者に知られている×採用リソースが豊富ではない

　この環境にある企業は、エントリー者を集めることには苦労しませんが、リソースが限られているため、集まった求職者に対して十分な選抜を行いにくい傾向にあります。それゆえ、①の環境にある企業以上に、エントリー段階の候補者集団の質を高める必要があります。また、求職者に知られているといっても、その中には誤解や偏見、過大評価が含まれていることもあります。採用リソース不足によって、そうした求職者の認識を是正できないままになってしまっては、最適なマッチングを実現することが難しくなってしまいます。採用活動全体を通して、意識的に企業の実態を伝えていくことが大切です（➡ P.86 RJP）。

### ③ 求職者に知られていない×採用リソースが豊富である

　このタイプの企業は、求職者に知られていないため、十分な求職者を集めることが難しいといえます。そのため、合同説明会や学内説明会に参加するなどし、求職者に自社の存在を認識してもらうように努めることが大切です（➡ P.64 PUSH 型プロモーション）。エントリーシートを廃止するなど、応募の負荷を小さくして求職者が採用プロセスに参加しやすくするのも効果的です。また、就職活動の中で初めて知った企業に対して、求職者は高い志望度を持っていません。選抜段階において、企業側から意識的に求職者の志望度を上げる働きかけが必要になります。

### ④ 求職者に知られていない×採用リソースが豊富ではない

　もっとも採用に苦しむ環境です。認知度もなければ、資源もないので「いかに工夫して差別化を行うか」という採用戦略の設計がカギになります。たとえば他社と共同での説明会や業界セミナーを開く（次ページのコラムを参照）、リファラル採用を行う（➡ P.190 リファラル採用）などで、求職者への認知度を上げることが考えられます。同じ業界の採用担当者と人脈を作り、また社内外で活かせ

る資源はすべて活かすつもりで取り組むことが必要です。

　以上のように、置かれる採用環境が違えば、企業がとるべき行動は異なります。ここで示した4つの環境は大枠を示したに過ぎませんが、自社の施策を検討する手がかりとなるはずです。まずは自社の現状を点検し、どの環境に置かれているかを確認することが大切です。

---

### コラム　人を集める「業界セミナー」の一例

　一般に名を知られてない BtoB 企業や規模の小さな企業でも、取引先の中では名の知れた企業があるはずです。たとえばアパレルの流通関連企業であれば、取引先に広く名を知られたリテール業者があることでしょう。家電の部品製造会社でも、テレビの番組制作会社でも、発注先や受注先に認知度の高い企業があるはずです。そこで、お付き合いのあるそれらの企業の担当者に依頼し、講演者を出してもらって、「業界セミナー」を開きます。そのために必要なことは、日頃からそうした企業の採用担当者とのコミュニケーションをとっておくことです。採用に関する情報交換を定期的に行っている相手であれば、セミナー登壇者を出してくれやすくなります。また、自社の「企業説明会」ではなく、「業界説明会（セミナー）」を活用することもひとつの方法です。求職者にとって、「知らない会社の説明会」は関心を持ちにくいものですが、「業界セミナー」であれば、参加する意義・意欲は高まります。業界全体の説明を終えた後に「その中で当社は……という位置づけで、……という事業を行っています」と付け加えれば、抵抗なく自社の認知度を上げることもできます。

# 採用における「戦略」とは

## 採用の最初期に定めるべき「戦略」

　一口に「採用」といっても、企業として「どのような人材をどのように採るか」を見定める全体レベルの視点から、それぞれの求職者に対し「どのように志望度を高め、自社に来てもらうか」といった個人レベルの手法まで、さまざまな戦略を吟味する必要があります。また、「どのような方法で候補者集団を形成し、どのような観点から選考を進めていくか」という「採用のプロセス設計」を行う必要もあります。

### 「採用活動」の分類

全体レベル

①自社の事業に合わせ、将来を見越しながら「求める人物像をどう定めるか」「どのようなタイプの人材をそれぞれ何％採るか（＝ ポートフォリオ採用）」、「新卒を何％、中途で何％採るか」、など「何のためにどのような採用をするか」を決める

②候補者集団形成のためにメディア（採用サイトや人材エージェントなど）を使うのか使わないのか（使うならどのメディアを使うか）、選考方法は面接にするのかグループディスカッションにするのか、会社説明会では何をどう見せるか、などを決める

個人レベル

③個々の求職者を対象にした「見立て」や「口説き」、「ポテンシャルを見抜く面接」や「入社の意思決定の促進」の方法など。①と②の段階と異なり、担当者個人の力量に差が出るのが特徴（訓練次第で向上させることが可能）

　採用活動は単純に「初期」「中期」「後期」と分けられるものではなく、また決まった手順に沿って杓子定規に行われるべきものでもありませんが、一般的には、上図の①～③の順に「大枠」→「中枠」→「小枠」という流れに沿って進みます。

　この節では、最初に挙げた「どのような人材をどのように採るか」についての検討──これを人材獲得のための **「採用戦略」** と呼ぶことにします──について説明していきます。

## 組織人事の6機能

　採用戦略を検討する前にまず確認しなくてはならないのが、組織人事戦略がどのように定められているかです。組織人事戦略とは、組織の活性化や人材の新陳代謝を図るための戦略であり、そのための機能として「採用」「育成」「配置」「評価」「報酬」「代謝」の6つが存在します。

　組織人事戦略を考えるにあたっては、これら6機能の戦略に一貫性を持たせることが重要になります。採用戦略についてもこの観点は重要で、他の5つの機能との間に一貫性が必要です。

### 「組織人事」の6機能

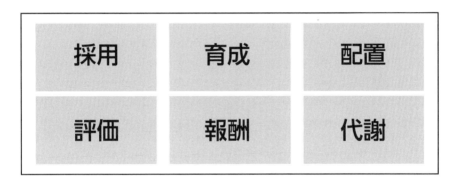

　たとえば、「ポテンシャルを重視した戦略」を掲げ、中途採用よりも新卒採用の比率を上げているにもかかわらず、育成では「コストをかけず、自力で這い上がってきた者だけを選抜する戦略」を採るのは、一貫性が欠けているといえます。ポテンシャル採用の効果を出すには、採用した原石を磨くために一定のコストをかけて育成することが必要です。それができないのであれば、ポテンシャル採用ではなく即戦力採用へシフトすべきです。

　また、採用では大器晩成型の人材を求める一方で、評価報酬制度では短期的な成果によって報酬を変動させ、長期間にわたる貢献度は評価しないケースも同様に「一貫性を欠いた」例です。

　このように各機能の戦略間に一貫性がないと、効果的な組織人事戦略を構築できないばかりか、それぞれの効果を打ち消し合うことも起こり得ます。

## 組織人事戦略は、事業戦略に従う

　では、そもそも何に合わせて「一貫性の軸足」（＝戦略全体を貫く共通した考え方、コンセプト）を設定し、組織人事戦略を考えるべきでしょうか。もっとも優先すべきは「事業」です。事業戦略をもっともうまく遂行できるような組織を目指すことが基本であり、組織を成長させる一番の近道となります。

　たとえば、市場が成長している時期には、各人に担当商品を割り振り、営業担当者の業務をシンプルにすることで、営業組織全体の行動を統合し、市場シェアの確保に努めるという戦略を採ることができるでしょう。逆に市場の成長が鈍化してきた際には、複数商品を総合的に扱い、希少な顧客のニーズをワンストップで対応できる営業組織を作ることでニーズの取りこぼしを最小化する、などの戦略が考えられます。このように事業戦略に対応するように、組織人事戦略やそれに含まれる採用戦略も変化させていく必要があります。新卒採用でフットワークが軽く素直な人材を大量に採用する戦略を採ったり、中途採用で即戦力の経験者を採用する戦略を採ったり、といった具合です。

## 戦略を一貫性のあるものにするための「軸」

　しかし、事業戦略にとって最適な採用戦略をただ採っていればよいわけではありません。事業との整合性とともに重要なのは人事諸施策の間の「一貫性」です。場合によっては、事業との整合性をある程度犠牲にしても、諸施策の「一貫性」を取るべき場合さえあります。

　組織人事戦略を一貫性のあるものとするためには、言うまでもなくそれらを貫く「軸」が必要となります。

　この一貫性のよりどころとなる「一貫性の軸足」のありようは各社で異なりますが、考え方としては「自社の中で容易に変わらないもの」を軸とするのが基本です。

　ある会社では、カリスマ経営者の価値観や考え方かもしれません。別の会社では、個性のある組織文化かもしれません。他にも、求める人材像、社会に提供したい価値や社会的使命など、それぞれの会社には容易に変わらない「特徴」があるはずです。つまり、「自社の中で容易に変わらないもの」とは何かを考え、それを組織人事戦略の一貫性の軸とするのです。

　こういった「変わらないもの」に合わせて組織人事戦略、ひいては採用戦略の

ベースを作り、短期的な事業戦略には、一貫性を損なわない範囲で合わせることが効果的です。

一貫した戦略の「軸」とすべきもの

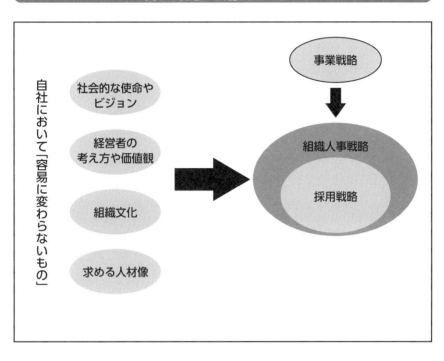

## 特に新卒採用には長期的視野が必要

　人事諸施策が「一貫性の軸足」を持つべきであるという点は上述の通りですが、特に新卒採用は、短期的視野で行うべきものではありません。これは企業と学生がお互いに将来の姿を見通しながら行うものだからです。新卒採用戦略を、その時々の短期的な事業計画や現場ニーズに合わせて策定していては、年によって方向性の異なる採用活動を行うことになり、事業戦略そのものに悪影響を及ぼしかねません。

　新卒にせよ中途にせよ、採用戦略を策定する際にまず徹底的に考えるべきことは、「時代が移り変わっても自社にとって容易に変わらないものは何か」です。それを認識することで、ブレない採用戦略を継続的に実施でき、最終的には強い組織を作ることにつながります。

# 第2章 第3節 人材ポートフォリオの設定

　組織人事戦略の「一貫性の軸足」が決まり、採用担当者らの間で共有されたら、次に決めなくてはならないのが「人材ポートフォリオ」と「人材フロー」の戦略です。組織人事戦略を「どのような組織をどのように実現するか」と言い換えたとき、「どのような組織を」にあたるのが「人材ポートフォリオ」であり、「どのように実現するか」にあたるのが「人材フロー」です。

　この2つは組織人事戦略が実現するゴールのようなもので、採用や育成などの諸機能の戦略はそれに基づいて作られます。

## 人材ポートフォリオとは

　「ポートフォリオ」の語源はイタリア語の「Portafoglio：財布」ですが、現在は各業界においてさまざまな意味で使われています。たとえば、デザイナーやイラストレーターは「自分が制作してきた作品集」の意味で使い、投資家は「保有している金融商品の構成」の意味で使っています。

　人事の分野での「ポートフォリオ」とは、「どのような人がどのくらい必要か」を意味します。どのようなタイプの、どのようなレベルの人材がどのくらいの割合で必要かを検討し、理想的な「ポートフォリオ」を見定めます。

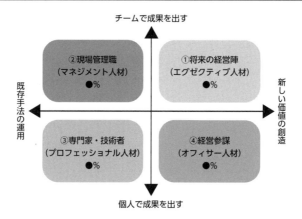

**人材ポートフォリオのイメージ図**

40

　前頁のイメージ図は「チーム⇔個人」と「既存手法⇔新しい価値」の2軸でポートフォリオを見ています。これを使うことで、自社の人材ポートフォリオを簡便に検討することが可能です。

　さらに精緻に検討するのであれば、さらに人材のレベルや職位などの階層の軸を加えたり、個人プレイが少ない会社であれば「チーム⇔個人」の軸を外し、代わりに「短期⇔長期」や「コミュニケーション能力⇔論理的思考能力」等々、職務役割や能力特性を分類する軸を加えたりするなどして、自社独自の人材ポートフォリオを見る枠組みを作ってみるのがよいでしょう。

　そのような作業を通じて、自社に適した精度の高い人材ポートフォリオを作成することができます。

## 「人材ポートフォリオ」から「人材フロー」への流れ

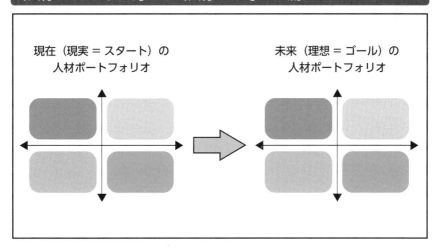

現在（現実＝スタート）の
人材ポートフォリオ

未来（理想＝ゴール）の
人材ポートフォリオ

　自社に合った人材ポートフォリオを作成し、セグメントごとの理想的な構成比を想定することができたら、次に自社内を見渡し、各セグメントに必要な人材がどのくらい在籍しているのかを確認します。こうして作られた「現実」のポートフォリオと「理想」のポートフォリオを比較し、その間にあるギャップを把握した上で、それを埋めるための策を練るのです。そして、この理想と現実の間のギャップを埋める戦略が、「人材フロー」の戦略です。

# 人材フローの設定

## 人材フローを考える際の3つの要素

　自社における「人材フロー」を考えるには、右のイメージ図のように、①組織にどんなチャネルから人材を入れ（採用）、②組織内でどのように動かし（異動）、③どのように出す（代謝）かについて検討します。やや専門的な言葉になりますが、それぞれ、

① 「採用比率」 …… （採用）
② 「内部流動性」 …… （異動）
③ 「外部流動性」 … （代謝）

### 人材フローのイメージ図

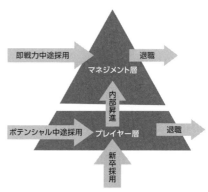

と言い換えることができます。

## 人材フローで検討する主な要素

　上記の①〜③は、以下のように説明することができます。

① 採用比率 （新卒採用、中途採用など）
新卒や第二新卒等のポテンシャル採用か、中途採用等の即戦力採用か、正社員と非正規社員の割合をどうするのか など

② 内部流動性 （キャリアチェンジの可否など）
キャリアコースを縦割りにして同じ部門や職種内での異動や昇進しか行わないことにするか、部門や職種をまたぐ横の流動性も保持するか、昇格率はどうするか など

### ③ 外部流動性 （求心力 / 遠心力など）

高い外部流動性をよしとする（＝入りやすく出やすい組織を作る）のか、長く組織に所属し続けるような低い外部流動性をよしとするのか など

　こうしたことを検討しながら、人材フロー戦略全体の形を定めていきます。現実にはほとんどの場合、まずはその年（年度）に採用する人材のうち、どの割合で新卒採用とするか（新卒採用率）、あるいは中途採用とするか（中途採用率）の目標値を設定することを出発点とします。すると、具体的な採用の目標数、求める人物像、採用対象者の動機づけ（求職者の期待に自社がどう応えるか）などが、それに付随する形で決まっていくはずです。

## 「人材ポートフォリオ」と「人材フロー」との関係

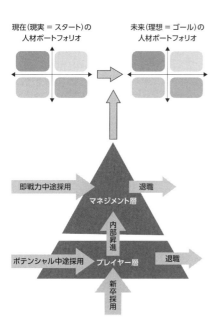

現在(現実 ＝ スタート)の
人材ポートフォリオ

未来(理想 ＝ ゴール)の
人材ポートフォリオ

即戦力中途採用　退職

マネジメント層

内部昇進

ポテンシャル中途採用　プレイヤー層　退職

新卒採用

　「人材ポートフォリオ」と「人材フロー」の戦略を設定したら、それに基づいて、組織人事の6機能の戦略を立てます。

　たとえば「採用」戦略であれば、

●どのような人をどのくらい採るのか

●キャリアや仕事のイメージをどのように期待させるか

●どんな心づもりで入社してもらうか

などを決めるのです。

　このようにすることで、人材ポートフォリオと人材フローの戦略や、他の人事機能の戦略と一貫性を持つ採用戦略を立てることができます。

# 人材要件の4つのポイント

　自社の経営方針や事業戦略を理解し、それを実現するための人材を確保するためには、求める人物像を明確にしなければなりません。

## 自社の事業や風土に合わせて人材要件を設定する

　企業によって、置かれた市場や事業の構造、業務の進め方、人事制度、育成のあり方、職場の風土は異なります。その違いにより、それぞれの会社の人材要件は変わってきます。人材要件の設定とは、「社内外の環境」を踏まえ、「欲しい人材」「必要な人材」を定義することです。

　採用戦略では、理想的な組織形成をイメージして「人材ポートフォリオ」や「人材フロー」を設定し、その観点から「どのような人材をどのように採るか」を検討しました。人材要件を考える際は、それに加えて「どんな人材が自社に適応することができるか」「活躍することができるか」といった、組織の中で期待通りに機能する人材をイメージする必要があります。これによって、会社の将来を見据えた上で、獲得すべき人材のイメージがつかめるはずです。

　自社に合った人材要件を定めれば、組織の成果にも結びつきやすくなります。逆に人員をどれほど確保しようとしても、人材要件の設定を誤まれば、組織は機能しなくなり、不要な人件費が増えるばかりです。

## 4つのポイントに沿って人材要件を考える

　とはいえ、何の指針もなしに人材要件を設定するのは容易なことではありません。そこで、人材要件を構成する4つの要件を挙げておきます。「必須要件」「優秀要件」「ネガティブ要件」「不問要件」の4つです。必要な人材を考える上で出てきたさまざまな要件が、この4つのどのカテゴリーに分類されるかを考えると、効果的で精度の高い人材要件が設定できます。

### ① 必須要件 …… 自社で働く上で欠かすことができない要素

　特定の技術、能力、性格など、自社で働く上で必須となる要件です。この要件を満たしていない場合、入社後の職場に適応できず、求職者にとっても自社にとっ

てもよい結果になりません。この要素が欠けている人材は、採用しないと判断してよいでしょう。

## ② 優秀要件 …… 不可欠というわけではないが、あると望ましい要素

この能力を有していれば将来の活躍が期待できるけれども、入社段階では必須でない、という要件です。選考過程でこの要件が不足していると判断しても、それだけで不採用にすべきではありません。

## ③ ネガティブ要件 …… 「ない」ほうが望ましい要素

自社にとって将来マイナスとなると予想される要件のことです。これに当てはまる場合、入社したとしても求職者は能力を伸ばすことができなかったり、会社から低い評価になるおそれがあります。入社しても活躍が見込めないと考え、採用を見送るのが双方のためといえます。

## ④ 不問要件 …… 世間一般に望ましいとされていても、自社では問わない要素

世間的には望ましいとされていても、自社においては持っていなくても問題ないという能力がこれにあたります。この要件が不足していたとしても、それだけで不採用とすべきではありません。

逆に、この「不問要件」を意識的に選考に取り入れることで採用ターゲットを他社と「ずらす」ことができ、採用において高い効果を上げられることがあります。不問要件というのは、つまるところ「『他社』は欲しがる要件だが、あえて『自社』は問わない」という要件です。たとえば、明るく社交的な人材は新卒採用でも中途採用でも心証が良いのですが、「明るく社交的であること」を不問要件に据えれば、そのような特徴を持たない（しかし自社には適した）人材を積極的に探索できます。不問要件は、こうした「不運にも現在の労働市場では良い評価を受けにくい人材」に光を当てることを助けるという点で、社会的な意義を持っています。

なお、もし②の「優秀要件」が多く挙がりすぎた場合は、その中から①「必須要件」を切り離しましょう。その上で③「ネガティブ要件」と④「不問要件」を考えることによって、より洗練された人材要件に近づくことができます。

# 人材要件の設定方法

## 人材要件を検討するための2つのアプローチ

　前節で紹介した4つの要件に沿って考えることにより、人材のさまざまな特性のうち「自社の人材要件として取捨選択すべき要素」のイメージが浮かび上がってきます。このイメージをより精緻で具体的なものにするためには、また違った角度からも「自社にはどんな人材が必要か」に関する情報を集めなければなりません。ここでは、そのために有効な2つのアプローチを紹介します。

## ビジネスプロセスから要件を考える

　採用戦略や組織人事戦略において「一貫性の軸足」を考えたときと同様に、「事業」の大局的な視点から考えるアプローチがあります。

　まず、自社のビジネスの流れをプロセスごとに分解します。

　たとえば、「1. 購買」→「2. 製造」→「3. 広報」→「4. 物流」→「5. 販売」というプロセスです。これは「購買」で素材を仕入れ、「製造」で商品を作り、「広報」で宣伝しつつ、「物流」で店舗に商品を送り、「販売」で顧客に売る、という流れを分解したものです。

　次に、分解した各プロセスにおいて**「自社の強みは何か」**を考えます。

　上のプロセスならば、自社が他社との競争で優位にある理由は「『販売』において『顧客と本音で話し合い、信頼関係を結ぶ能力』にある」と分析できたとします。この場合、採用においても**「他者と深い関係を作る能力」**を重視します。「『広報』で『高いブランドイメージを創出し、定着させている』のが強みだ」と分析できたとしたら、**「物事の良い点を汲み取り、それを広く受け入れられやすい言葉やグラフィックで表現できる人」**を採用します。「他社にないオリジナリティにあふれた商品を『製造』することで成功している」ならば、**「独創的なアイデアとそれを具現化する技術力を持つ人」**を採用すべきでしょう。

　このように、ビジネスプロセスから「他社との競争に勝つために必要な能力」を考えると、人材要件を導き出すことができます。同時に「自社の弱み」についても考え、それを補完する人材の採用を行うことも可能です。

## ハイパフォーマーの特徴から要件を考える

　社内で高い業績を残している人材（ハイパフォーマー）を何人か選出して**インタビュー**を行い、共通する（あるいは共通していなくても特筆すべき）特徴を見出して、そこから人材要件を考えるアプローチです。インタビューでは、

- ●日頃、何を重視して働いているのか
- ●いまの能力は入社後のどんな仕事で身についたのか（あるいはそれは、入社前から持っていたものなのか）
- ●仕事するにあたって、どのような心構えや習慣を持っているか
- ●今のパフォーマンスにつながっている成功体験や失敗体験はあるか
- ●自分のどんな部分が自社に合っていると思うか
- ●入社前の自分はどんな人間で、何を考えていたか

などを尋ねます。このとき、インタビューの主旨をあらかじめ説明した上で協力を仰ぎ、できるだけ気楽に、率直な言葉を聞き出すようにしましょう。人事査定と疑われるような堅い面談になってしまわないようにします。

　ハイパフォーマーの中には、自分の仕事振りを言葉で説明するのが苦手な人もいます。それは感覚的・無自覚に職務をこなせているため、改めて言語化することが難しい場合があるからです。そのような場合、少し時間はかかりますが、ハイパフォーマーの仕事振りをよく**観察**するとよいでしょう。他の社員と比べてどんな点で優れているのか、ある程度の時間をかけて客観的に把握するように努めます。

　この「インタビュー」と「観察」の両方を組み合わせることができれば、自社の人材要件についてさらに効果的な情報収集が可能になります。ハイパフォーマー本人の「語り」と、実際の「振る舞い」とを突き合わせます。

　ただし、ハイパフォーマーの語った言葉を額面通りに受け取り、「これが我が社の人材要件だ」とするべきではありません。先述の通りハイパフォーマーは意識や行動の言語化が得意なわけではありません。またその人を「観察」する際にも、ただその人の行動を追っているだけでは意味がありません。彼らの発する言葉や日々の行動を「客観性を担保した上で」「専門的な観点から」観察し、分析します。

# 「人材要件」から「ペルソナ」を作る

## 人材要件だけでは抽象的

前節までの作業で、自社が採用すべき「人材要件」はある程度まとまってきました（「他者と深い関係を作ることができる能力」「物事の良い点を汲み取り、表現できる」「独創的なアイデアとそれを具現化する技術力を持つ」など）。

ただ、「人材要件」を作るための情報収集においては「言葉の定義」に細心の注意を払うことが必要です。言葉は使い手によって意味が異なります。たとえば、ハイパフォーマーが「仕事に重要なのはコミュニケーション能力だ」と述べたとします。ここでいう「コミュニケーション能力」が「初対面の相手でもすぐに打ち解けられる能力」なのか、「じっくりと信頼関係を築いて相手の本音を引き出す能力」なのかでは、まるで意味が違います。「地頭がよい」というよく使われる言葉でも、「具体的な物事を抽象化できる」のと「抽象的な概念を具体的な形で表現できる」のとでは、まったく逆の意味になります（➡ P.129 定義が曖昧になりがちな言葉の例）。

これらは一般的に高い頻度で使われる言葉だからこそ、その都度「この言葉は今、どんな意味で使われているか」を意識的に確認し、話す側と聞く側に齟齬（そご）があるならば互いにその定義をすり合わせ、共有すべきです。同じ言葉を違う意味で用いながら人材要件を定めているようでは、採用が成功するはずもありません。

また、人材要件は往々にして、「優秀要件」の列挙に陥りがちです。「コミュニケーション能力がある」「地頭がよい」「自律性がある」「ストレス耐性がある」などの優秀要件を箇条書きのように積み上げてしまうと、「そんな優秀な人材は存在しない」「存在したとしても自社には来てくれない」ということになり、採用活動を阻害する人材要件を作ってしまうことになります（➡ P.62 人材要件を設定する際の注意点）。

そこで人材要件が抽象的、非現実的になることを避けるため、より具体的な人物像を設定して採用に関わる人々の中で人材要件の定義を統一します。人物像を設定する作業を「ペルソナ化」といい、ペルソナ化した人材要件によって、求職者の見極めが明確になります（➡ P.128 アセスメントワードと言葉のすり合わせ）。

## 生き生きとした人物像──「ペルソナ」をつくる

「ペルソナ化」は、もともとマーケティング業界で使われ始めた用語で、自社の顧客を想定するときに、実際にその人物が実在しているかのように、年齢、性別、居住地、職業、役職、年収、趣味、特技、価値観、家族構成、生い立ち、休日の過ごし方、ライフスタイル……などリアリティのある詳細な情報を設定していく、という方法です。

これを採用に応用すると、たとえば「"その人は"トラブルに遭ったらどう対応するか」「初対面の人に対して、すぐ話しかけるか」といったビジネスに近い要素から、「どんな本や映画が好きか」「多趣味なタイプか」「得意な学科は何か」といった個人的なことまで、仕事と生活について事細かに想像してみます。

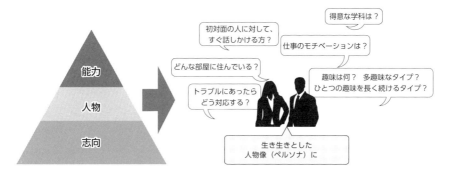

■抽象的な人材要件の列挙　　　　　■求める人物像

得意な学科は？
初対面の人に対して、すぐ話しかける方？
仕事のモチベーションは？
どんな部屋に住んでいる？
趣味は何？　多趣味なタイプ？　ひとつの趣味を長く続けるタイプ？
トラブルにあったらどう対応する？
能力
人物
志向
生き生きとした人物像（ペルソナ）に

## ペルソナ化の効用と注意点

繰り返しとなりますが、自社が求める人材を事細かに想像するこの作業を行うことにより、抽象的だった人材要件の言葉の定義が統一され、また人物像全体も揺るぎなく具体的なものとして採用チームに共有されます。

ただし、「自社に必要な人材」が全部門で一様であるはずはなく、営業部門には営業の、経理部門には経理の、制作部門には制作の、それぞれに異なった「理想の人材」が存在します。この場合、必須要件（➡ P.44）などは譲らずにペルソナ化の芯として残し、他の部分を適切に入れ替えて、より現実に即した人材像を作り上げます。

# 経営層や現場との意思疎通

## 経営層や現場と膝を突き合わせて「人材要件」を定める

　自社に望ましい人材を定義するにあたって、ここまで「人材要件」「ペルソナ」
をどう設定するかを説明してきましたが、その際に重要なことは、人事部員だけ
が集まって理詰めで考えるのではなく、現場や経営層と顔を合わせ、膝を突き合
わせて共同作業をするということです。

　人材要件を定めるためには、組織の過去と現在を正しく認識し、あるべき未来
を探る必要があります。そのためには人事部員や採用担当者だけでなく、経営
層や現場とともに具体的な人物像を描き（ここでもきちんと「言語化」します）、
共有することが大切です。そうすることで人事と経営層、人事と現場の距離が近
づく上に、自社にとって必要な人物や能力を、経営層も現場も納得した上で定義
することができます。

　また、具体的な議論を進めるための一方策として、「自社では誰がその能力を
持っているか」をともに検討するのも非常に有効です。人事と経営層、現場がと
もに知っている人物をベンチマークとして具体的に挙げることで、認識のズレを
最小化でき、また、その人物の言動を実際に観察できることから、それまで概念
でしかなかった「能力」などを具体的に把握することができるようになります。

## 企業における人事の役割

　このように人事は、経営層と現場の間に入り、双方をつなぐ役目を果たします
が、これは「採用」に限らず、組織人事戦略すべてに関わります。

　たとえば、立ち上げたばかりの企業では、創業社長が何でも自らの目で見て判
断し、部下に指示を出します。しかし、企業が成長して構成員が増えていくにつ
れ、社長1人で隅々まで目を配ることは難しくなります。組織において、1人の
人間が直接管理できる部下の数（＝「マネジャーの認知限界」）は、さまざまな
研究により、6人前後であるとされています。つまり、組織は上司1人＋部下6
人前後が1つのユニットとなるように設計し、それを越えた組織は、新たに管理
者（上司）を設置してその下に6人前後の部下をつける、という形で分割・統治

を重ねていくことが有効です。この理論に従えば、組織は社長1人をトップとし、節目ごとに枝分かれした下位グループが連なる、末広がりの樹形図のような形を成すことになります。

しかし実際には、樹形図が歪（ゆが）んでいたり、適正人数であるはずの部下達を管理しきれていない上司がいたり、本来なら樹形図に沿って社長のところまで行き渡るはずの情報がどこかで滞ってしまったりといった、理論から程遠い状況が生じることがあります。このような組織では、部門間や階層間での認識の相違や利害関係から軋轢が生じやすくなり、組織としての健全性が失われて崩壊する危険すらあります。そこで、組織に対する定見を持ち、直接的な利害関係のないプレーヤーに調整してもらう必要があります。この役割を担うのが人事であり、採用を含めた組織全体の調整を行います。

## 組織調整のために理論やデータという「武器」を持つ

採用担当者を含む人事は、自らが社内権力（パワー）を持っているわけではありません。あくまで経営者や現場リーダーといったパワーを持つ人をサポートする存在です。

また、経理や法務、マーケティングなどの専門性の高い部門と比べ、人事の業務は専門性が必要ないと考えられ、業務の難しさが軽視されがちです。実際には組織全体の調整を行っていながら、軽んじられやすいところがあることも人事の立場を難しくしています。このままでは組織全体の調整に効果的に取り組むことができず、組織は崩壊の一途をたどりかねません。

そのため人事は、経営層や各部門と対峙するための「武器」を持つ必要があります。この場合の「武器」とは、たとえば心理学や組織論、経営学などの「理論」や、主張の正しさを証明する各種「データ」などです。これらに関わる能力を高めるために、普段から人事の専門家として自己研鑽し、組織内のパワーを持つ人と対峙する際の「武器」を磨いておくことが大切です。

## 採用担当者に求められる労働市場に関する知見

以上のことは人事として心得ておきたいことですが、採用担当者にはもう1つ、必要とされる重要な専門性があります。それは「労働市場に関する知見」です。たとえば、「世の中にはどのような人材がどのような割合で分布しているのか」「その人材をどのような業界のどのような企業が欲しがっているのか」「その場合の

職種や待遇にはどのような傾向があり、その傾向はどのように動いているのか」、そしてそれらの結果、「現在どのような人材の需給関係が生じているか、将来生じそうか」といったことです。

　労働市場に関する知見を十分に獲得することは、容易ではありません。そこには、「今後、社会はどう変わっていくのか」という将来の見通しも含まれるからです。

　また、「学生やビジネスパーソンの志向や能力はどのように変化するか」「それによって今後、人材の需給関係はどうなるか」といったことも考慮しなくてはなりません。これらを踏まえた上ではじめて、「人材の売り手市場になるか買い手市場になるか」「どのような人材が社会に求められるのか」などの予測を立て、採用戦略を決めることができます。

　こうした労働市場の動向を正確に見通すことは、難易度の高い作業です。そしてこの予測を誤ると、企業にとって必要なときに、必要な人材を確保することができなくなります。

## 採用の「重要性」に加えて、「難易度」を理解してもらう

　このように考えると、「採用」は実は非常に難しく、専門性の高い作業であることがわかるでしょう。このため、採用担当者は経営層らに、採用の「重要性」や「難易度」について十分に理解してもらわなくてはなりません。その際、「重要性」は理解されても、「難易度」が理解されないことがよくあります。しかし「難易度」を理解してもらわなければ、「かけるべきリソース」に関する誤解を持たれかねません。採用に多くのリソースを割くように経営層を説得するのも、採用担当者の役割です。

---

### コラム　逆命利君
（ぎゃくめいりくん）

　経営層と現場で欲しがる人材像が異なるという状況は、多くの企業で見られます。経営層が中長期的な視点を持って企業戦略を立てなければならないのに対し、ノルマや納期に追われがちな現場が即戦力になる人材を求めるのも、自然な流れです。逆に、資金面などの問題に直面する経営層が近視眼的な戦略しか立てられなくなっているのに、危機感を持たない現場が悠長に仕事をしているというケースもあります。人事・採用の世界にもある「流行」をやたらと追いたがる社長もいますし、表面的な事柄だけを他社と見比べて不平を並べる社員もいます。

　このような求める人物像等についての異なる意見を統合し、1つの方向にまとめていかなく

てはならない人事はとても大変です。よく「中間管理職」という言葉が悲哀を持って語られますが、人事担当者は採用や評価、報酬の施策を立てるにあたっては経営層と現場社員の間に挟まれ、異動や配置を決定するにあたっては部署と部署の間に挟まれる存在です。しかも直接の利益を生み出す部署ではないため、「中間管理職」以上に肩身が狭いと感じる方もいるのではないでしょうか。

　ところで、中国で今から2000年以上も昔に編まれた「説苑（ぜいえん）」という書物には、「逆命利君（ぎゃくめいりくん）」という言葉が記されています。「一時的に主君の命令に逆らっても、結局は主君の利益になるよう考えて行動する」という意味です。この場合の「君（主君）」は、社長や経営層だけでなく、現場の責任者やマネジャー、さらには社外の顧客やステークホルダーも含んでいると考えるべきでしょう。経営層と現場に挟まれながら、組織に大鉈（なた）を振るう一方で、個々の人間のデリケートな感情も扱わねばならない人事の担当者が意識しておきたい言葉です。人事は組織全体を俯瞰できる立場であるからこそ、たとえ一時的な非難を浴びることになっても、ときには苦言を呈する覚悟が必要とされます。

## One Point CHECK ❶

**■問題 労働市場への知見に関連した、以下の問題を解いてみましょう。**
新規大卒者の求人倍率について説明した以下の選択肢のうち、もっとも適切なものを1つ選んでください（リクルートワークス研究所、2019年4月発表データに基づく）。

［選択肢］

1. 大卒求人倍率は経済指標の1つであり、民間の研究機関であるリクルートワークス研究所が厚生労働省の委託を受けて、ハローワークとの共同調査の上、発表している
2. 従業員規模300人未満の中小企業における2020年卒の大卒求人倍率は8倍を超えており、5000人以上の大企業においてもここ数年1倍を超えた状態が続いている
3. 2020年卒の大卒求人倍率は1.83倍となっており、バブル崩壊後の1990年代以降最高値を記録している
4. 流通業における2020年卒の大卒求人倍率は5倍を超える一方、金融業においては1倍を下回っている

正解：4 ◀

# 新卒採用と中途採用

## 変化しつつある新卒採用、重要度を増す中途採用

　終身雇用制が後退し、働き方の多様化が進む中で、転職に対するマイナスイメージが薄らぎ、転職市場は活性化しています。大企業を中心に続いてきた「新卒採用」中心の採用は変わりつつあります。新卒採用でも「秋採用」を取り入れる企業が増えており、留学生を別の時期に採ることも珍しいことではなくなりました。「第二新卒」という言葉もいつの間にか耳に馴染み、一般化しています。

　「新卒採用」が「能力の分からない」「大人数の学生が」「一時期、一斉に」入社することを前提に採用するのに対して、「中途採用」は「すでに能力が身についている」「少人数の実務経験者が」「時期を問わず」入社することを前提に採用することです。つまり新卒採用を「季節行事」だとすれば、中途採用は「年中行事」であり、窓口は狭くとも常に開けておく必要があります。

　ちなみに雇用には新卒・中途以外にもパート・アルバイトなどのいわゆる非正規雇用という選択肢もあります。日本全体での非正規雇用の比率は総務省の労働力調査などをみると、おおよそ4割程度で長年増加傾向にあります。「自分の都合のよい時間に働きたいから」(同調査)という理由が増えており、新卒・中途の正規雇用採用にとっては向かい風になっています。さらに、人手不足のあおりを受け、リクルートジョブズリサーチセンターなどの調査をみると、ここ数年間にわたって平均時給は右肩上がりで、企業はパート・アルバイト採用においても苦戦していることがうかがえます。

## 新卒採用と中途採用の本質的な違い

　新卒採用と中途採用では、本質的な部分で2つの異なる特性があります。

　1つは、新卒採用ではポテンシャル(潜在能力)を評価して採用するために、パーソナリティや基礎能力を見抜く力が採用担当者に求められるということです。これに対して中途採用は、実績やスキルが職務経歴書などで分かるので比較的評価が容易です。

　もう1つは、新卒採用では学生が同時期に多数の企業を受け、採用上の競合が

激しくなるため、動機形成（口説き）においても、採用担当者の力量が必要であるということです。

このように、新卒採用のほうがある側面では高いスキルを求められるために、多くの企業では、新卒採用は採用のプロである人事担当者が中心となり、中途採用は事業のことをよく知る現場のリーダー社員などが中心となる傾向があります。

# MEMO

# 第3章

## 採用プロセスの設計

第1節 採用プロセスの構成要素

第2節 人材要件を設定する際の注意点

第3節 候補者集団を形成する

第4節 大量候補者集団の限界

第5節 セルフスクリーニング

第6節 選考プロセスの「ステップ」と「コンテンツ」

第7節 逆求人（ダイレクト・リクルーティング）

第8節 人材エージェントの活用

第9節 RPO（採用アウトソーシング）

第10節 ATS（採用管理システム）

第11節 RJPとその方法

第12節 関心度・志望度・適応予想度

第13節 採用体制の構築・社員の巻き込み方

第14節 採用に関わる社員の育成方法

第15節 リクルーターの位置づけと役割

# 第3章 第1節 採用プロセスの構成要素

　第2章では「採用戦略」のうちの「人材要件」、つまり自社にとって必要な人材の人物像を検討しました。次はそのような人材を獲得するための「採用プロセス」を設計します（ここまでを採用プロセスの下準備として、下図では「[0] 計画」と表しています）。

　採用プロセスは、「求人情報を公開して応募者を集め（＝［1］募集）」「面接や適性検査などで自社に適しているかを見立て（＝［2］選考）」「適した人材には内定を出し、自社に来てくれるよう働きかける（＝［3］フォロー）」と、おおまかに3つの機能に分けて考えることができます。

　［1］〜［3］の詳細な意義や手法については続く各節で詳しく説明しますので、ここではまずその概要を図示します。

## 採用の流れ

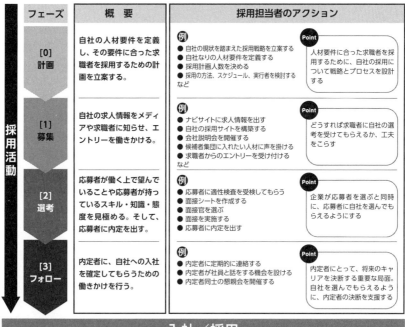

## 採用プロセス設計ポイント

　採用プロセスを設計するにあたり、まずはよく誤解されている固定観念から解放されておく必要があります。伝統的に使われてきた採用手法には、問題点が多いからです。

### ①採用プロセスは複数を重ねて進行させる

　すでに述べたように、時期まで統一されていた新卒一括採用は多様化しています。これまでのように「○月に説明会を開いて、△月に選考を始めて、□月に内定を出す」という1本の年間スケジュールに沿う必要はありません。また、中途採用はその性質上、年間を通じて採用活動が行われることが一般的です。企業の規模にもよりますが、新卒採用においても中途採用においても「採用窓口は常に開いておく」ことが当たり前となっていくことでしょう。

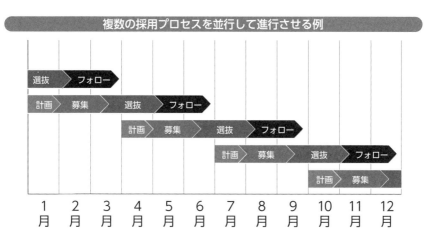

複数の採用プロセスを並行して進行させる例

　上図は年間4本の採用プロセスを3か月ごとに行うとしたときのイメージ図ですが、実際にはプロセスの本数や内容等は自社の事情に合わせて変えていきます。なおプロセスにある「計画」は、募集、選考、フォローの詳細計画を立てるという意味です。

　採用プロセスを複数走らせておくと、先行したプロセスで不採用としたものの後になって惜しいと思うようになった人材や、逆に先行したプロセスで辞退してきたもののその後の就職活動がうまくいっていない人材に声をかけ、後発の採用プロセスで選考を行う、ということも可能になります。一度断った／断られた相手に再度連絡することは失礼と思われるかもしれませんが、むしろ採用プロセス

から外れた人材にマイナスの感情を持つ／持たせることなく、良好な関係を築いていくことは、採用のさまざま場面で有効に働きます（➡ P.190 リファラル採用）。

## ②採用の際に使うツールを考え直す

　採用の判断材料として、履歴書以外の書類の提出を義務化しているケースは多くみられます。代表的なものにエントリーシート（ES）があります。ES は、1990 年代にある企業が「学歴不問の採用」を打ち出した際、履歴書に代わるものとして考案されたものです。現在以上に学歴が重視されていた当時としては画期的で、大きな社会的意義のあるツールでした。しかし、ES が一般化していくうちに、もともとの「学歴不問の採用」の意義は薄れていき、今では多くの企業が「常識である」という認識で提出を求めるようになっています。一般的に、1 人の就活生が 1 社の ES を作成するのにかかる時間は 1 〜 4 時間とされています。近年の就活生は 1 人で平均 28 社程度（『就職白書 2024』2024 年 2 月、就職みらい研究所報告）に（プレ）エントリーしているので、ES の作成にかける時間は大変多くなります。就活生は数十万人にのぼることを考えると、現在の ES は若者から膨大な時間と労力を奪っていることになり、学業を阻害するなどの問題を指摘する教育関係者もいます。

　さらに問題なのは、ES の提出を意図的に厳格化することで、ES を選抜時のふるい落としのツールとして使うケースが散見されることです。特に何百人何千人とエントリーが殺到する人気企業では、採用リソースを節約するために行われており（➡ P.32 採用の成功＝企業力×採用力）、ES が不採用を多く出すためのツールと化しているのです。本来は「学歴不問の採用」という採用の門戸を広げるためのツールであるという意義が、企業の都合により失われた事例といえます。

　また、履歴書なども含めて書類の「手書き」を求める企業も根強く残っています。内容よりも文字の上手い／下手を選抜の判断材料にしたり、「手書き」に労力を掛けられるかで、求職者の誠意や自社への志望度を測ろうとしたりする経営者や人事担当者も見受けられます。これらもまた求職者からの提出書類について重視すべき点を履き違えている例です。

　採用のためのツールについては、前例や他社の動向にとらわれず、自社に適した採用ツールを考え直していくことが必要です（➡ P.105 エントリーシート）。

## ③志望動機は評価するものでなく、育てるもの

　応募者に自社を志望する気持ち（志望動機）を持ってもらい、それを高めていくことは、採用担当者の重要な仕事のうちの 1 つです。つまり「志望動機」とは、

採用プロセスで形成されていくものといえます。

　ところが多くの採用現場では、提出書類に「志望動機」の欄があり、面接では「弊社を志望した動機は何か」と質問することが一般的です。これは、初対面の相手に対して「自分のどこが好きか」と尋ねるような非現実的な質問です。とはいえ一般的な質問なので、応募者も志望動機の質問に対する回答を用意していることが大半です。しかし、入社前からその企業のことを深く知ることは難しく（➡ P.12 採用活動における課題）、その状態の回答内容で採否を判断することは有効とはいえません。

　「志望動機は評価するものではなく、採用担当者が高めていくもの」という考えを改めて持ちましょう。志望動機は採用プロセスの各段階で高める必要がありますが、いずれの段階であっても志望度に影響を与えるのは、もっとも応募者と接する採用担当者です。採用担当者自身が自社について熟知し、愛着を持っていることが大変重要です。

　なお、「志望動機」を聞く代わりに「志望業界」や「企業選びの基準」を聞くことは、相手の考えや自社への潜在的興味度を知る上で有効です。

## ④採用担当者の一番の力の入れどころは「動機形成」

　大きな会場を借りて数百人規模の会社説明会を開いたり、何百何千と届いた応募書類を捌いて 10 分の 1 に減らしたり、何万人もの求職者が目にするかもしれない求人サイトの原稿を練りに練って考える——確かに大仕事で、それが終わった後は格別な思いも湧いてくるでしょう。しかし、その達成感は、採用活動の質に関するものではありません。

　採用担当者が注力すべきことは、先に述べたように採用プロセスの各段階での「志望動機の形成」です。他社よりも自社を選んでもらえるように志望度を高める、内定受諾を何かの理由でためらっているようであれば真摯に向き合って話を聞く、内定受諾後に不安な心理状態（➡ P.160 内定ブルー）になっていればタイプの似た現場社員を引き合わせて悩みを解消する——個人レベルの対応が中心となりますが、これこそが採用担当者のもっとも重要な仕事だと心得ましょう。

# 人材要件を設定する際の注意点

第2章で検討した「人材要件」と、それを生き生きと表現する「ペルソナ」で、自社にとって必要な人物像は明確になります。

しかし現実的な問題として、それらの要件や人物像に当てはまらない人材をすべて不可としていては、採用は成立しません。自社の希望にぴったりと一致した人材はそもそも存在するかどうかも分からず、存在したとしても、その人材が自社に応募し、内定を受諾して入社してくれる可能性となると、低いといわざるを得ません（➡ P.46 人材要件の設定方法）。

そこで自社の「人材要件」「ペルソナ」をしっかり持ちつつ、採用の現場ではどう対応すべきかを見てみます。

## 採用の必須要件は最小限に絞る

「採用基準を厳しくするほど、優秀な人材が採れる」という見解がありますが、これは多くの人が信じ込んでしまっている誤解です。実際には採用の必須要件が多ければ多いほど、計画している数の優秀な人材が採れる可能性は低くなります。

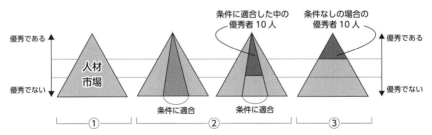

たとえば、経営者から採用担当者に対し、「海外営業部に配属させる優秀な人材を10人採用せよ」という命令を受けたとします。上図①のピラミッドが、その人材市場です。採用担当者はこの中からできる限り優秀な人材を10人探し出し、入社させなくてはなりません。

人材要件を設定するために営業部長に対してヒアリングを行うと、営業部長から「TOEICのスコア800以上が最低条件」という必須要件が提示されました。さらにヒアリングを進めていくと、「海外留学や海外赴任の経験あり」「年齢はおおよそ35歳まで、条件次第で38歳が限度」と、必須要件がどんどん積み上がっ

ていきます。

「TOEIC のスコア」「年齢」などの必須要件をつけると、図①の人材市場の中で適合する人材は限られるので、図②の左側の図において「条件適合」で示したように人材の幅が狭まってきます。人事担当者はその限られた枠の中から、10人を採用することになります。図②の右側の濃いグレーの部分がこの 10 人にあたります。

しかし、ここで「もし営業部長の必須要件がなかったら」を考えてみましょう。同じように優秀な 10 人を採用できた場合を図③の濃いグレーの部分で表しましたが、図②の右側と図③では優秀な人材の幅が大きく異なります。ともに優秀な10 人ですが、「必須要件をなくした場合の」優秀者の下限は、「必須要件を多くした場合の」優秀者の下限を大きく上回っています。

つまり、「採用の必須要件が多ければ多いほど、対象となる候補者が減るため、優秀な人材が採用できない可能性が高まる」ということになり、「採用基準を厳しくするほど、優秀な人材が採れる」という最初に挙げた見解は、適当ではないということになります。

## 育てられる条件は必須要件から外す

より優秀な人材を採用するために、先のケースではどうすべきだったでしょうか。たとえば採用担当者は営業部長に対して「条件の積み上げは、人材市場を狭めるために優秀な人材が採りにくくなり、自社の利益にならない」ことを説明し、その上で「今回の採用で、本当に必要な条件だけを挙げるとすれば何か」を改めて尋ねます（➡ P.50 経営層や現場との意思疎通）。これによって、「人材要件の4 つのポイント」（➡ P.44）のうち、「① 必須要件」に該当するものをできるだけ絞り込むことができます。

この際、「入社後に育てられる要素は必須要件から外す」のが鉄則です。たとえば TOEIC のスコアの条件は、入社後に条件を充たせるよう英語を学習してもらうことで対応できます。安易に使われがちな「経験者に限る」という条件も、ポテンシャルを持つ多くの人材を排除しているだけなので、これを外すだけで人材の裾野は格段に広がります。中途採用において人材エージェントに「時間がないので、厳選した人材だけを紹介してほしい」と多くの条件をつけることも、求人広告を出す際に「せっかくだから」と必要以上に厳しい条件を掲載するのも、知らず知らずのうちに自ら採用の可能性を低くしていることになります。

# 候補者集団を形成する

「採用プロセス」は、事前の「計画」を含めて「募集」「選考（＝選考プロセス）」「フォロー」の4つのフェーズに分かれています。

ここまでで人材要件の設定などの大枠の「計画」は済んでいるので、次に行う活動は「募集」フェーズの「候補者集団形成」です。

## 応募者をいかに集めるのか

採用活動においてはまず、自社にエントリーしてくれる応募者を集めなければなりません。これを「候補者集団形成」と呼びます。

候補者集団形成の方法は、「PULL型プロモーション」と「PUSH型プロモーション」に大別することができます。芸能界における人材獲得方法に則って、前者を「オーディション型」、後者を「スカウト型」と呼ぶと、よりイメージが湧きやすいかもしれません。

### PULL型＝オーディション型 / PUSH型＝スカウト型 人材獲得

**オーディション型採用**

●広く公募し、向こうから来た人をジャッジする
●多数に接触できるが、合格率は低く、やや非効率的
●自社のファンが中心で、応募者の質は採用ブランドに依存
○「マス広報」を用いるのが一般的

**スカウト型採用**

●ターゲットを特定し、会社側からアプローチ
●合格率は高いが、手間がかかるために効率に難
●自社ファン以外にリーチできる（採用ブランドに依存しない）
○人材紹介会社を使う
○自社で直接行う（＝リファラル・リクルーティング）

芸能人やモデルを採用するためのオーディションでは、審査員は座席から、次々と舞台上に現れて自分をPRする志望者たちを判定するだけで済みます。それに対して人材をスカウトするには、自ら街に出て、「これは」という人材を見つけ、徐々に信頼関係を築いていく必要があります。企業の人材獲得においてもこれは同様です。

PULL 型プロモーションとは、採用広告などのメディアを使って、広く多くの人材市場に向けて広報を行うことで、候補者の側からアプローチ（エントリー）してくれるのを待つタイプの採用プロモーションを指します。

一方、PUSH 型プロモーションとは、そうした多数へのアプローチではなく、新卒であればOB・OG訪問やリクルーター制度、ゼミや研究室への訪問など、企業の側から候補者予備群に近づいて、自社に適した人材を探しにいくタイプの採用プロモーションを指します。

この2つの方法には、下図のような対照的な特徴があります。

### PULL型・PUSH型のプロモーション

#### PULL 型プロモーション

・候補者からのアプローチを待つ
・効率的に多くの人数にリーチできる
・有名企業の場合は主に自社のファンが中心
・無名企業は候補者集団形成が難しい
・業界の人気に左右されやすい
・セルフスクリーニングによる効率化が肝

#### PUSH 型プロモーション

・企業側から候補者にアプローチする
・負荷が大きく、大勢にはリーチできない
・有名企業は自社のファン以外にもリーチできる
・無名企業でも工夫次第で候補者集団形成につながる
・きめ細かいフォローによる引き留めが肝

### PULL 型と PUSH 型、それぞれのメリットとデメリット

まず、「人を集める」ことに関する負荷（特にマンパワー）の問題でいえば、PULL 型プロモーションのほうが効率的です。新卒採用では年間で数百人から数千人、大企業なら数万人単位のエントリーを集めることもできるのが PULL 型プロモーションです。

一方、PUSH 型では、採用担当者の人数等によりますが、PULL 型をしのぐほどのエントリーを集めることは困難です。

また、集まってくる人材の特徴については、PULL 型は候補者のほうからやってくるので比較的志望度の高い層が多くなります。このため、選考途中での辞退率は相対的に低くなります。

それに対して PUSH 型では、最初は自社に興味がないような人材にもアプローチするので、自社に興味を持ってもらい、志望動機を高めてもらわなければ、辞退率は高くなってしまいます。

ただし、自社の「ファン」以外の応募者を集めるためには、PUSH 型のプロモー

ションは必須です。PULL型では、現状の自社の採用ブランド（➡P.100）にフィットするタイプの人材が集まってくるため、応募者が同質化する可能性もあります。また、外から見て得た情報からファンとなって応募しているため、いざ入社して内情を知ると、「思っていたのと違った」「幻滅した」となるケースも出てきます。加えて「現状の企業が好き」であるため、変化を嫌う傾向も出てきます。PULL型は、自社の採用ブランド以上の人材を採用しにくいことに注意が必要です。

## PULL型とPUSH型を使い分ける

　以上のようにPULL型、PUSH型のプロモーションのメリット・デメリットを知った上で、実際の採用では、自社の採用ブランド力や、労働市場の動向により、両者を適宜組み合わせていくことになります。PULL型で広く人材を募集する一方で、これという候補者をみつけたら積極的にPUSH（スカウト）する姿勢を持つべきです。

　一般的に、自社の採用ブランドが競合他社よりも強く、求める人物にとって魅力的なものであれば、PULL型プロモーションに比重を置くことが効果的です。

　逆に自社の採用ブランドが競合よりも弱く、求める人物にとって魅力的でない場合は、PUSH型プロモーションに比重を置きます。これは、創業して間もない急成長中の企業などで起きやすいケースです。自社のポテンシャルと採用ブランドの間にギャップがあり、ブランドが求める人材群に浸透していなければ、PUSH型のプロモーションを行う必要があります。

### コラム　PUSH型プロモーションとしての「リファラル採用」

　第8章で解説する「リファラル採用」（ネットワーク採用）は、PUSH型プロモーションの主要な方法です。

　ある外資系IT企業では、中途採用の内定者にはまず、「あなたの周辺に、いい人材はいませんか」と尋ねることをルール化しています。この企業では、かつては人材紹介会社を介した中途採用がメインでしたが、現在はPUSH型採用にほぼ100%移行しています。年間1,000人と個別に会い、入社した社員の約8割がリファラル採用です。

　新卒採用の場合は、内定者や若手社員に対し、たとえば所属ゼミやクラブ活動、アルバイト先の人間関係を聞き出し、その相関図（ソーシャルグラフ）を描きます。

　紹介者を挟むことにより、相手は一般的な就職活動よりも安心感を持つことができ、また早い段階から信頼関係を構築しやすくなります。こうした作用もあり、リファラル採用は内定受

諾率が高く、離職率が低くなることが分かっています。

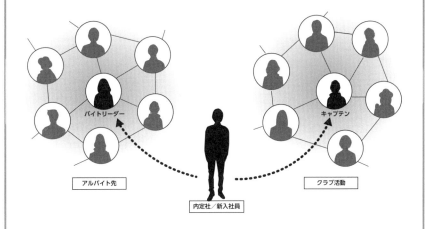

　ただし人に人を紹介してもらうわけですから、誠意を持って対応し、紹介者の顔を潰すことのないよう細心の注意を払うことが必要です。

## One Point CHECK ❷

**■問題 採用プロモーションに関連した、以下の問題を解いてみましょう。**
採用プロモーションの「PULL型」と「PUSH型」のうち、一般的に企業の採用ブランドで成果が左右されやすいのはどちらでしょうか。以下の選択肢のうち、もっとも適切なものを1つ選んでください。

　［選択肢］

　1.PULL型

　2.PUSH型

　3.PULL型とPUSH型に差はない

1：答正　◀

# 大量候補者集団の限界

候補者集団形成については、「エントリー数は多いに越したことはない」と思われがちです。もちろん、十分な数のエントリーが集まらなければ自社が希望する層を計画通りに採用することは難しくなります。しかし、過度に大きな候補者集団を形成することはむしろ、採用の成功を遠ざけるおそれがあります。

## 大量候補者集団の限界

候補者集団が大きいと、企業が応募者一人あたりにかけられるコミュニケーションの量は相対的に少なくなります。結果として、応募者はその企業のことを深く理解するための機会を十分に持てないまま、志望度を高められることもなく、自然と入社を諦めてしまう可能性があります。

株式会社ビジネスリサーチラボが運営する「採用学研究所」の調査によれば、企業との接触時間が長いほど、求職者の事業、業務、社風に関する理解は高まります。さらに、業務や社風を理解しているほど、入社意欲も高い傾向にあります。

## 企業と求職者の接触時間と、入社意欲の関係

ある会社を受けた求職者を、接触時間の長いグループと短いグループに分け、その会社の事業／業務／社風を理解できたと思う程度を算出した。その結果、接触時間の長いグループと短いグループとの間で、「業務理解」と「社風理解」に大きな差が見られた。

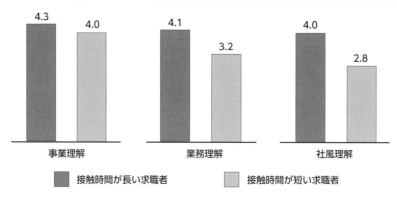

※特定企業の求職者150名対象、5段階評価による回答（採用学研究所調べ）

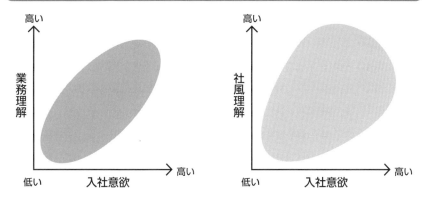

「業務理解×社風理解」と「入社意欲」の相関イメージ図

（左図）
高い ↑
業務理解
低い
入社意欲 → 高い

（右図）
高い ↑
社風理解
低い
入社意欲 → 高い

出典：『「最高の人材」が入社する採用の絶対ルール』（ナツメ社）より一部改変

　仮に、ある優秀な人材が企業理解の足りない中で内定を受諾し、入社できたとしましょう。それでも、別の困難が待ち構えています。入社後に「こんな会社だとは思わなかった」と衝撃を受けることです。そのような心理のことを「リアリティ・ショック」と呼び、このリアリティ・ショックは離職意思を高めることが分かっています。せっかく入社した人材でも、定着せずにすぐ離職されたのでは、企業にとっても本人にとっても不幸なことです。

## 効率化が求職者の志望度を下げる原因になる

　採用担当者が業務を効率的に行おうとすることは、営利企業の活動の一環である以上、当然のことです。しかし、「対求職者」となったときには、あまりに効率を重視した（ように見える）企業側の態度は、志望度を損なうことにつながります。具体的には、選考中に受け取るメールの連絡がいかにも機械的な、一律の文面であったり、そのメールの送信時間が常に12時ちょうどだったりすると、たとえ企業側にそのような意図はなくとも、それだけで求職者は「尊重されていない」と感じ取ります。熱意を持って志望度を高めたい相手には、個別に電話し、メールし、面談することがなにより有効です。

セルフスクリーニング

前節では「エントリーが大量に集まりすぎても困る」「機械的に求職者をさばくと、人はどんどん離れていく」という大量候補者集団形成による弊害に触れました。この問題の解決は容易ではありませんが、1つの解決策として「セルフスクリーニング」という手法があります。

## セルフスクリーニング（自己選抜）を作動させる

まず大前提となるのは、「人材要件」をしっかり定めることです。人材要件を定義する際には「必須要件」「優秀要件」「ネガティブ要件」「不問要件」の4つを区別する必要があります（➡ P.44 人材要件の4つのポイント）。

このうち「必須要件」（自社で働く上で欠かせない要件）を持たない求職者、および「ネガティブ要件」（「ない」ほうが望ましい要件）を持つ求職者はみずから「この会社を受けるのはやめておこう」と検討できるように、採用プロセスを設計します。

このような方法は、「企業」が求職者を選抜するのではなく、「求職者自身」が自分を選抜する（この会社は自分には向いていないと判断する）という意味で「セルフスクリーニング（自己選抜）」と称されます。

## 応募負荷を上げて、応募者の質を高める

以上のこと以外にも自己選抜を作動させるための方法があります。それは自社のポジティブな面ばかりではなく、ネガティブな面もあわせてその「内実」を求職者に赤裸々に伝えることでエントリーの負荷を上げるという方法です（➡ P.86 RJPとその方法）。そうした実態を知れば、エントリーを思い留まる人も出てきます。実態を知らないまま入社したとしても、いずれその人は前節で紹介したリアリティ・ショックに直面し、離職していく可能性があるので、入社前の段階で見切りをつけてもらうほうがお互いに良いともいえます。

大切なことは、候補者集団をただ減らすのではなく、その質を高めつつ減らすということです。自社に合わない人に遠慮してもらえば、エントリーしてくる応募者数は少なくなりますが、質は高まります。良質な応募者と丁寧に接すること

で、採用が上手くいく可能性が高まります。

## 徐々に負荷を調整し、自社に適したレベルを探る

「エントリーは多いほどよい、というわけではない」ということはすでに説明した通りです。とはいえ、「エントリーをいきなり大きく減らすのは不安」ということも多いでしょう。確かに、急に基準を上げ下げしてエントリーを減らすことにはリスクが伴います。そこで、中長期的な観点に立って検証を行い、基準を調整していきます。初年度では今より少しだけ負荷を上げてみる、次年度はさらに上げてみる、といった具合に、様子を見ながら進めてみて、自社にちょうどいい負荷——ちょうどいい質の人がちょうどいい数集まる負荷——を徐々に探ります。

対応すべきエントリーが減る一方で、質の高い応募者を一定数集めることができたならば、個々の求職者との丁寧な対話が可能となります。対話の中で、企業と個人の相互理解が深まれば、両者のマッチング精度が上がり、入社への意欲も高まりやすくなります。内定辞退を減らすことにもつながります。さらに入社後、期待と現実との大きなギャップを経験することも少なくなり、不幸な離職を防ぐこともできます。

### 受けて欲しい人だけがエントリーしやすいようする

| 【1】 | 【2】 | 【3】 | 【4】 |
|---|---|---|---|
| エントリーを集める前段階として、自社に来て欲しい人物を明確に定義する | 実態を伝えることで、エントリーの負荷を上げる | 数は少なくても自社の要件に合った、質の高いエントリーが得られる | 企業と求職者の間に正しい理解が生まれ、相互関係が深まる |

71

# 選考プロセスの「ステップ」と「コンテンツ」

第3章 第6節

前節までは採用プロセスにおける「候補者集団の形成」について説明しました。次の段階として、「選考プロセス」を設計します。選考プロセスには、大枠の「ステップ（「選考を何段階にするか」「実施期間は」など）」と、それに応じた「コンテンツ（各ステップで何をするか。面接、筆記試験、適性検査など）」があります。

## 「ステップ」と「コンテンツ」の設計の仕方

「ステップ」と「コンテンツ」を設計する際にまず重要なのは、「これまでの慣習や常識」に囚われず、自社の採用課題に適したステップとコンテンツを選ぶことです。たとえば、多くの企業は応募にあたり、「エントリーシート（ES）を提出させる」「説明会への参加を応募資格とする」ことを当然と考えています。しかし、大切なことは「何のためにそれをするか」です。

それぞれの企業の持つ採用課題に応じた「ステップ」や「コンテンツ」の具体例を、社内のリソースのみを使う PULL 型プロモーションを前提に挙げてみます（➡ P.59 採用プロセス設計のポイント）。

### 例① 採用目標人数に比してエントリー数が多く、優秀層を見つけ出すのに苦心している企業

| 【採用課題】 |
|---|
| ○大勢の応募者への対応を効率化する |
| ○優秀層を早期に高い精度で発見してフォローする |

| 【選考プロセス設計の方針】 |
|---|
| ○説明会は大規模会場で実施することで、回数を少なくし、採用側の負荷を下げる |
| ○適性検査の合格基準は厳しめに設定し、後工程の選考負荷を下げる |
| ○面接などの選考について、特に初期は一気に対処して選考期間が延びないようにする。面接官や面接会場などを早期に確保しておく |
| ○発見した優秀層向けに飛び級的選考プロセスを用意して、スピードアップを図る |

### 例② 採用目標人数に比してエントリー数が少なく、候補者集団形成に苦心している企業

【採用課題】

○エントリー数や応募者を増やす

○途中辞退者を減らす

【選考プロセス設計の方針】

○説明会を多数回実施し、求職者が参加しやすいようにする。説明会参加は義務とせず、参加しないエントリー者にも選考参加の権利を与える

○ ES など、エントリー者の応募負荷を上げるものは廃止か、軽くする

○適性検査の合格基準を緩めにして、できるだけ多くの応募者を面接の場に呼び込む（社員と学生が直接会うこと自体が動機形成につながる）

○早期エントリー者は早めに選考プロセスを進めて、待たせない。全応募者の選考結果が出揃ってから次のプロセスを実施するのではなく、五月雨式・同時並行的に複数の応募者の選考プロセスを進める体制を取る

○自社よりも採用ブランド力の強い競合企業群の採用の時期からずらした時期に本格的に採用を開始する。一方で、通年採用など、採用窓口は常に開けておき、採用候補者が現れたら柔軟に対応する

### 例③ 採用人数が少ないため、できるだけ効率的に採用活動を行いたい企業

【採用課題】

○採用人数が少ないため、効率的に優秀層を絞り込みたい

○あまり不合格者を出したくない。本気の応募者にのみ受験してほしい

【選考プロセス設計の方針】

○説明会は実施しないか（自社の採用サイトや動画配信などで代用）、大規模な説明会を少数回実施して自社の負荷を最小限にする

○選考プロセスは、ステップごとに全応募者が終了してから次のステップに進む方法を採る。全応募者を見た上で、合格を出せるような体制にしておく（五月雨式に選考を進めていくと、初期の応募者と後期の応募者を比較できず、選考基準にブレが生じる可能性がある

**例④ 採用活動にコストやマンパワーを割けないため、負荷のかからない採用活動をしたい企業**

【採用課題】
○できるだけ少ない人数や期間で採用活動を行いたい

【選考プロセス設計の方針】
○少ないエントリー数でも受験者数が多くなるように、説明会参加義務などのハードルは極力低くする
○電話アポイントによる呼び込みなどで、少ないエントリー数でも受験率を高める
○大学のキャリアセンター経由やOB・OG訪問など、多くの応募・接触チャネルを用意する
○自社よりも採用ブランド力の強い競合企業群の採用時期が過ぎてから本格的に採用を開始する。一方で、通年採用など、採用窓口はつねに開けておき、採用候補者が現れたら柔軟に対応する

　現実的には例②や例④のように、「応募者集めに苦労している」「採用にコストやマンパワーをかけられない」という課題を持つ企業が多く存在します。そこで、それらの企業がとるべき「自社よりも採用ブランド力の強い競合企業群と採用時期をずらす」という施策について、重ねて説明します。

**採用時期をずらす施策**

インターンシップなど　　就職解禁日

採用ブランド力の
強い競合企業

メインの時期を
後ろにズラす

それら企業への
対抗策

通年で狭く長く窓口を開けておく

　競合企業の選考に漏れた人材をターゲットにすれば、自社を受けてもらえる可能性は高まりますし、そうした人材の中には、優秀な人材が残っています。むしろ、中小企業や採用ブランド力の弱い企業にとっては、競合企業の採用選考の直後が、もっとも優秀層と接点を持てる時期かもしれません。

時期をずらして求職者にアプローチする際に重要なのは、自社の選考を辞退した応募者にも声をかけることです。一度選考を辞退されただけで、「不採用リスト」に入れてしまう企業が多数ですが、説明会をキャンセルした人や採用選考の途中で辞退した人にも再度声を掛け、接触を図るべきです。時期や状況が変われば気持ちは変わります。こちらから敬遠する必要はありません。

　以上は、あくまで例に過ぎませんが、このように採用課題に応じて選考プロセスを設計することで、効果的な採用活動が可能になります。繰り返しになりますが、「他社がそうしているから」という採用の「常識」に囚われる必要はありません。
　なお、熟考を重ねて選考プロセスを設計しても、採用は往々にして計画通りには進みません。採用市場は景気や社会情勢の変化で毎年変わります。そのため、一度立てた計画を盲信して進むのではなく、絶えず実際の数字と目標の数字を比較・モニタリングして、乖離が生まれたら、すぐに原因を探り対策を立て、計画を修正する必要があります。

# 逆求人 (ダイレクト・リクルーティング)

個人から見た「就職・転職」(=求職活動)、企業から見た「採用」(=求人活動)の関係は、基本的には求職する個人が、求人を出す企業に対して応募(アプローチ)するスタイルで長年実施されてきました。しかし、少子化や景気の改善などを背景に「採用難」時代を迎えていることもあり、近年では、企業が個人の求職活動に先んじて個人に積極的にアプローチする動きが強まっており、これを「逆求人」と呼ぶことがあります。従来であれば「求人」活動に対して個人からアプローチするところを、企業から個人にアプローチするので「逆」と呼んでいます。

## 「逆求人」に該当する呼称

「逆求人」は、「PUSH 型プロモーション」「スカウト型採用」あるいは「ダイレクト・リクルーティング」などとも呼ばれます。「PUSH 型プロモーション」とは、従来の求人を「PULL 型プロモーション」と位置づけて、その反対の言葉として用いられています。「スカウト型採用」は、芸能界の求人活動にちなみ「オーディション型採用」の反対語として使われています。

「ダイレクト・リクルーティング」(「ダイレクト・ソーシング」とも呼ぶ)は、従来の採用方法を、企業が採用広告メディアや人材エージェントに依頼をして採用の候補者を探してもらう「間接的」な方法と捉えた上で、企業自らが「直接的に」個人にアプローチする方法という意味で用いられます。ただ、内容的には「逆求人」「スカウト型」「PUSH 型」などと似た概念といってよいでしょう。

「逆求人」を各企業がどのような方法で行っているかをみると、大きく2つに分かれます。1つはスカウトメディア(オンライン、オフライン)を使うもの、1つはリファラル採用と呼ばれるものです。

## スカウトメディア

これまでの採用メディアはオンラインであれ、オフラインであれ、企業からの求人情報発信が最初に行われます。オンラインの場合は広告、オフラインの場合は合同説明会などになります。そして企業から発信された情報に個人が反応し、企業に応募するというスタイルでした。

「スカウトメディア」はこの逆で、最初に個人から求職情報を発信します。オンラインの場合、個人がスカウトメディアに登録して、自身の情報（属性や自己アピール、キャリア志望等々）を発信します。「個人の求職広告」ともいうべきものになります。そして、その「個人の求職広告」を企業が検索し、採用の可能性がある人材とみなした場合に、スカウトメールと呼ばれるメールを個人に送り、採用選考（もしくは説明会や面談へのエントリー）に関する案内を知らせます。個人がそのスカウトメールに興味を持ち受諾すれば、個人と企業の接触が実現します。

これがオンライン上ではなく、オフラインで行われる場合もあります。一般の求人では企業が合同説明会のブースなどで情報提供を行いますが、ここでは個人がプレゼンテーションなどを行う場を設定します。そこで行われたプレゼンテーションなどを企業が見て評価を行い、オンラインでのスカウトメールの場合と同じように、自社の採用選考や求人情報を何らかの形で伝え、個人が受諾すれば接触が実現するということになります。

## 「逆求人」におけるリファラル採用

「逆求人」の採用手法のもう1つの典型が、「リファラル採用」です。これについては第8章第1節（➡ P.190）で詳しく述べますが、「逆求人」である所以についてのみ解説します。

「リファラル」とは「紹介」を意味する言葉で、「リファラル採用」とは社員や内定者などの私的なネットワークをたどり、採用の候補者を紹介してもらうことで、候補者集団形成を行う方法です。この方法も、個人からすれば、特に志望をしていない（むしろ知らない）企業から知人を通じて案内が来るので、企業から個人にアプローチする方法になります。そして、案内に対して個人が了承することによって接触が実現します。このようにリファラル採用は、スカウトメディア（オンライン・オフライン）と本質的に変わらない採用手法であるといえます。

ただし、リファラル採用の場合は、企業からアプローチするとはいえ、表立って情報発信を行わず、あくまでも人づてに水面下でアプローチします。そのため、上述の「スカウト型採用」の一種であると考えたほうがイメージしやすいかもしれません。

## 第8節 人材エージェントの活用

前節までは主に自社で行う「候補者集団形成」について述べましたが、中途採用の多くでは人材仲介会社の協力を仰いでいます。また、最近は新卒採用に関しても学生を紹介し、内定受諾すれば成功報酬を受け取るという仲介会社が登場してきています。

人材仲介会社を活用する場合、「いかに人材エージェントとうまく関わるか（エージェント・マネジメント）」が、採用の成否に影響してきます。

### エージェント・マネジメントの必要性

エージェントの特徴は、「結果が出なければお金のやり取りが発生しない」成功報酬型をとることにあります。初期費用がかからないという発注側の企業にとってのメリットは、エージェント側の「何もやらなくても、特にマイナスにはならない」という消極的な姿勢にもつながります。

自社の採用に対するエージェント側のモチベーションを上げる手法はいくつかありますが、ここでは、「エージェントの意欲向上」「エージェントとの信頼構築」の2つに分けて解説しましょう。

### エージェントのモチベーションを上げる手法

#### ●エージェントの意欲向上の方法

エージェントに人材紹介を依頼する前段階・初期段階において、その意欲を高めてもらうための方策です。

#### ・報酬をアップする

「成功報酬の利率を上げる」という、単純にして即効性のある手法です。

採用に掛けられるリソースにもよりますが、相場を確認し、それよりも高めの報酬を設定しましょう。ただし、人材不足のITエンジニア、採用が難しいエグゼクティブ・クラスなど、調達が難しい人材についてはより高額の報酬が必要になります。

### ・エクスクルーシブ（排他的）な独占契約を結ぶ

　多くの場合、発注側の企業は複数の人材エージェントに依頼を出しますが、競合が多いと個々のエージェントの意欲は下がる傾向にあります。そこで、「人事関係の人材にはこのエージェント」「経営者予備軍にはこのエージェント」など、各エージェントの得意分野に合わせて、「これは御社だけに依頼する求人です」とすることで、エージェントの意欲や使命感を高めることができます。

### ・募集規模によってエージェントを使い分ける

　一般に、中小のエージェントは大手との競合を嫌い、競合する場合、力を入れないことが多くなります。やる気を出してもらうには、募集規模に応じて中小と大手を使い分けるアプローチが有効です。たとえば、人事が1人、営業が10人必要な場合には、人事の採用は人事領域に強い中小のエージェントにエクスクルーシブ契約で依頼し、営業の採用は複数の大手エージェントに依頼する、といった使い分けをします。

　もっとも避けるべきは、「大手の集客力に期待するべきか」「中小の粘り強い頑張りに期待するべきか」をよく考えずに、惰性で両者に案件を投げることです。大手は大量の「人材データベース＝候補者の登録情報」を検索して、条件が合う人を紹介できるケースが多いのに対し、規模の小さなエージェントは人的ネットワークを元に、クライアントの条件に合う人材を探してくれます。

### ●エージェントとの信頼関係を構築する方法

　実際にエージェントに人材紹介を依頼したあとで、中だるみを起こしたり意欲を損ねたりすることなく成果を上げるためには、お互いの信頼関係を構築することが必須となります。以下はそのための方策や注意点です。

### ・スピードとフィードバックを重要視する

　特に紹介された人材を不合格にした場合、その結果と理由を素早く明確に本人とエージェントに伝えるべきです。連絡を怠った場合、エージェントの意欲を損ないますし、候補者にも不満が残ります。逆に不合格の理由について説明を重ねることで、エージェントは自社が求める人物像を学習し、徐々にマッチングの精度も上がります。

　もう1つ重要なのは、エージェントに接する際のスピード感です。基本的に、

紹介を受けてから結論を出すまでの期間は長くとも2週間を目処とします。

### ・募集を締め切った場合は必ず明確に伝える

　他のエージェントからの紹介などで採用が成功し、枠が埋まった場合は、すみやかにその旨を連絡します。ビジネスにおいては基本ともいうべき事項ですが、意外と守られていないケースが多く、エージェント側からの信頼を失うことにつながります。

　たとえば採用枠が1人で、内定に近い人材が3人見つかったら、企業側は速やかに案件のクローズをエージェントに伝えましょう。小さなことですが、こうした連絡を疎かにして失敗している企業は少なくありません。エージェントとの信頼関係が損なわれると将来の採用活動にも影響するため、ビジネスパーソンとしての礼儀を大切にしましょう。

### ・仲介の担当者に直接会う「エージェント・キャラバン」を行う

　「エージェント・キャラバン」とは、自社の求人案件を事務的なメールなどで知らせるだけでなく、担当者みずからエージェントに出向き、相手側の担当者に自社の求める人材像と特徴を説明して回るアプローチです。各社を実際に訪れて回るため、「キャラバン」という名称が付けられています。キャラバンにあたっては、可能な限りそのエージェント会社の担当者全員と会いましょう。担当者1人だけと面談して他の担当者に情報を伝えてもらうのでは、論点がぼやけやすく、熱意も伝わりにくいからです。

## 大手と中小の人材エージェント

　中途採用と新卒採用の違いでもっとも大きな意味を持つのは、採用の時期や人数ではなく、「人材エージェント」の存在です。いまや、中途採用は人材エージェント抜きでは語れませんし、直近の転職を考えていない人でも、エージェントと定期的に接触している人は少なくありません。

　大手の人材エージェントには、インターネットを通じてやり取りができる人材メディアが多く存在します。インターネット上で求職者に自身の経歴や転職条件などを登録させ、彼らの条件に合致する企業にスカウトメールを送って、マッチングさせます。求職者にはほとんどの場合無料でサービスが提供されますが、求人企業には広告掲載料などとして数万～数十万円単位の費用が発生し、また成功

報酬が設定されているケースもあります。

　一方、中小の人材エージェントは主に、個人的につながりのある優秀な人材を厳選して企業に紹介します。こちらも求職者（転職者）側には費用は発生せず、求人企業にも初期費用は求められません。ただし転職が実現した場合、求人企業は成功報酬として、その転職者が転職後に受け取る見込み年収の数割をエージェントに支払う必要があります。

**規模による転職人材エージェントの違い**

| 大手人材エージェント | 中小人材エージェント |
| --- | --- |
| ●大量採用に向いている<br>●プールしている人材（候補者集団）が多い<br>●扱う案件が多いので、個々の人材を熱心に口説いてくれることは少ない<br>●ともすれば機械的なマッチングで終わる | ●ピンポイントの採用に向いている<br>●プールしている人材（候補者集団）が少ない<br>●相手人材を熱心に口説いてくれる<br>●自社に適した人材を探してくれる |

クライアント企業ではなくキャンディデイト（応募人材）のほうを
大切にしている点は大手でも中小でも共通

---

**コラム　　新卒採用におけるエージェントの登場**

　まだ少数ですが、新卒採用における人材エージェントも登場しています。

　たとえばある企業が始めたサービスでは、エージェントが新卒の国内学生（学士・修士・博士）と留学生（海外大学、国内大学）を紹介し、企業は内定受諾が成立した場合、エージェントに成功報酬を支払います。

---

**コラム　　転職者側に費用がかからない理由**

　芸能家、モデルなど一部の職種を除き、人材エージェントが求職者から職業斡旋手数料を受け取ることは法によって禁止されています（職安法32条の3第2項）。ただし、職業斡旋料ではなく相談料、コンサルティング料などを支払う形の求職者向け有料サービスは、この限りではありません。

# RPO（採用アウトソーシング）

RPO（Recruiting Process Outsourcing）とは、採用プロセスの一部を外部の専門企業に委託（アウトソーシング）することを指し、大勢の応募者に対応しなければならない１次選考などで有効です。多くの場合、初期選考で評価されるのは「基礎能力」であり、見るべきポイントはどの企業でも大差がないので、自社で内製化する必要性は低いからです。昨今は委託業務の幅もさらに広がり、「応募から始まって、最終面接以外のすべて」をアウトソーシングするケースも見られるようになってきました。

日本では、採用をはじめとする人事の業務は「聖域」のように扱われ、それを外部委託するなど考えにくいことでしたが、外資系企業や新興ベンチャー企業ではRPOが以前から一般的なものでした。それが徐々に一般企業にも浸透しつつありますが、これにはいくつかの理由があります。

直接的な背景のひとつは、「売り手市場」により採用効率が低下したことで人事担当者の業務量が増加し、どうしても負荷を分散させる必要が出てきたことです。やらなければならないことは山積しているものの、そこにかけるマンパワーがなく、やむを得ず外部の力を頼るということです。

しかし、より本質的な理由は、このようにして「やむを得ず」RPOを導入した企業が、以下のような「RPOの価値」を感じ始めたことにあります。

## ① 市場のことを知っているのは「外部」

RPO事業者はさまざまな企業の採用業務を受託しているため、労働市場全体を見通した視点を持っていることが強みです。企業の人事担当者は、自社のことは知っていますが、労働市場全体にまで精通することはなかなかできません。自社に応募してきた人がどのような人かは分かっても、その人が労働市場全体においてどのような位置づけの人材なのか、また、まだ応募には至ってないものの自社に適した人材が市場にどれだけいるのかなどについて、情報を得ることは困難です。その点、RPO事業者は多くの企業からの受託を通じて労働市場に存在する多様な人材に接し、市場の「相場感覚」を持っています。さらに自社では気づけなかった採用課題について助言を受けられ、問題の顕在化も期待できます。

## ② 採用プロセスのベストプラクティスを導入できる

　採用プロセスの構築を自社だけで行うには長年の試行錯誤が必要であり、特にPDCAサイクルが1年に1回しか回せない新卒採用で顕著に現れます。それに対してRPOを活用すると、事業者を介して世間一般のスタンダードを知り、現在のベストプラクティス情報を得ることができます。企業はそれを参考にして理想の採用プロセスを模索していくことが可能です。

## ③ コア業務に集中できる

　「コア業務」とは「企業の利益や売上を直接生み出す」業務を指し、非定型業務が中心で高度な判断が求められます。採用活動においては面接による選考や応募者への動機づけなど、応募者と接して採否を判断する業務がこれにあたります。ところが会社説明会などの初期選考に力を注ぎ込んだ結果、本来重要なコア業務にリソースを割けないという本末転倒なことが起こりがちです。初期選考は合格確率が低いことなどから、外部事業者に委託しても問題が少ない業務です。そういった定型的で高度な判断が求められない「ノンコア業務」を外部委託することで、人事担当者はコア業務に集中できます。

　ただし、そもそも採用プロセスのうちの何がコア業務／ノンコア業務であるかについて正解はなく、その定義自体が採用の成否につながる場合もあります。

## ④ 長い目では実はコストダウンにもなる

　一見コストがかかるように思われるRPOですが、やり方次第では逆に大幅なコストダウンにつなげることができます。

　顕著なのは中途採用です。たとえば、すべての採用を人材紹介会社に依存している企業であれば、RPOを導入することで面接などに割く余裕が生まれ、応募者の流入チャネルを「紹介」から「公募（採用広告メディアなど）」へ変更し、採用の質を保ちつつ、広告とRPOの費用を人材紹介会社への報酬よりも低く抑えることが可能になります。

　新卒採用でも、せっかく集めた応募者を社内で十分にケアできず、辞退させてしまっている場合には、初期面接等を外部に任せることでスピード選考が可能になるとともに応募者に対するケアを改善することができます。また、応募者にとっても迅速な対応は、ストレスのない就職活動を進められる点で、望ましいことです。

# ATS（採用管理システム）

採用管理システムとは、採用業務を効率的に運用するためのシステムのことで「ATS」（Applicant Tracking System の略）と呼ばれています。膨大な個人情報を処理し、大勢の候補者を選考する採用活動業務は、何かと煩雑になりがちです。そこで企業の採用業務をサポートしてくれる ATS が注目されています。

ATS でできることは、「ほぼすべての採用活動事務」です。採用候補者の個人情報管理や会社説明会などのイベントへの案内メールの送信、面接や適性検査などの選考の日程調整、合否通知連絡など、採用に関するあらゆる業務を一元管理するもので、煩雑な採用業務の効率化に欠かせないツールです。

## 「複線型採用」のためには必要不可欠

とりわけ近年では、能力やスキル、性格タイプの異なる多彩な層に採用の対象を広げ、多様な人材を確保しようとする「複線型採用」が注目を集めています。加えて、日本企業が旧来より行ってきた、さまざまな職種を担うことを前提とするメンバーシップ型雇用から、職種などの雇用条件を絞って採用を行うジョブ型雇用に移行する風潮も顕著であることから、採用プロセスはますます複雑化しています。

たとえば、ジョブ型雇用では職種など条件ごとに採用プロセスが変わるため（専門レベルを技術者が判断する選考が入るなど）、ATS を用いた管理を行うことで、大幅な効率化が見込めるのです。

## ATS を使うメリット・デメリット

ATS を導入する最大のメリットは、採用業務の効率化とスピードアップです。昨今の日本のように売り手市場が続いている（今後も続く）求人市場においては、選考や事務手続きに長い時間をかけてしまうと、優秀な人材をどんどん採用競合の企業に奪われてしまいます。適切なタイミングで的確な情報を発信し、応募者に対して迅速なレスポンスを行うことは、採用戦略において非常に重要なことです。

また、これまでは人事部が担う採用や評価、勤怠、研修、労務情報といった業務は個別に管理されてきました。しかし、タレントマネジメントシステムの普及によって、社員情報の一元管理化が進められています。そうした社内システムと ATS を連

携させれば、一人ひとりの入社時の希望や前提条件などが引き継ぎやすく、入社後の配属や異動の検討時に情報を生かしやすくなります。結果的に人材の有効活用に通じ、生産性や経営効率の向上に寄与することになるでしょう。

ただし、あまり頻繁に採用を行わない小規模企業であれば、手製の表計算シートなどで情報を管理するほうがコスト削減につながっていいという考え方もあるでしょう。導入に際しては、企業規模に合わせて費用対効果を見極める必要があります。

## 導入する際の注意点

ATSの導入により採用業務が楽に効率的になることは間違いありません。しかし、特定のATSの機能に採用プロセスを合わせて変更する必要が出てくるようでは本末転倒です。自社の採用戦略を吟味したうえで、それに適したサービスの導入を検討するべきでしょう。

たとえば、漠然と良さそうに見えたATSを導入したのはいいものの、既存のタレントマネジメントシステムに対応していなかったり、それまで利用していた求人メディアと連携できなかったりするようでは、業務の効率化は望めません。まずは現状の課題をベースに考えるべきで、選考プロセスの効率化を求めるならオンライン面接機能の精度を重視したり、集客が弱いならメディアとの連携性を重視したりと、個別の事情に合わせてサービスを選びましょう。

なお、ATSにもアレンジの自由度の高いものもあれば、特定の機能をまとめてパッケージ化したものもあります。たとえば成長基調にあるベンチャー企業であれば、組織の成長や変化に応じて機能を拡充できる自由度の高い製品を選ぶべきで、最初から多くの機能を求める必要はないと言えます。業務の行程が徹底的に磨き上げられ、それが競争優位性に結びつくような優れたオペレーションを目指すには、自社にとって最も適切なATSサービスを探すことが第一なのです。

# RJPとその方法

採用の世界には「RJP」(= Realistic Job Preview：現実的な仕事情報の事前開示) という考え方があり、特に近年重要視されるようになってきています。求職者に対して、その会社のリアルな情報を、ポジティブな面もネガティブな面も含めて事前に開示することを意味します。「ネガティブな面も」ということで、入社前にRJPを行うことに抵抗を感じる採用担当者もいると思いますが、これにはいくつかの利点があります。

## RJP —— ネガティブ要素を開示することの4つの利点

①募集段階で「応募者が多すぎて困っている場合」に、RJPによって会社の実態に沿った知識を持ってもらうことで、自分に合っていると判断した人に応募してもらうという使い方です (➡ P.70 セルフスクリーニング)。

②選考過程にある求職者に対してRJPを行い、ネガティブな側面もさらけ出すことで、企業と求職者の相互理解が深まります。これにより両者のマッチング精度が上がり、入社への意欲も高まりやすくなります。

③入社前のイメージと入社後の実態とのギャップに衝撃を受けること、つまり「リアリティ・ショック」を緩和できることから、入社後の離職を避けられます (➡ P.69)。

④ネガティブな情報までも開示する企業のスタンスに対して、求職者は「オープンで誠実な会社だ」と魅力を感じ、企業イメージが向上します。

## メッセージの伝え方の順番

ただし、互いに興味・関心も信頼関係もないうちから、自社のネガティブ面を打ち出すのは得策ではありません。本当は相性が合っていたはずなのに、縁が切れてしまいかねません。最初のうちは、求職者にとって魅力的な要素を打ち出して、興味を持ってもらいます。また、この段階では、採用ブランドの強い企業の魅力的な要素 (ポジティブ要素) が自社にもあれば、「自社もその要素を持っていること」をアピールしましょう。興味を持ってもらえたら、採用競合との差別化要素をメッセージとして伝えます。

つまり、「ネガティブな面」の開示を含めたRJPは、採用選考の全体を通して行えばよいといえます。どの会社にも、ポジティブな面もあれば、ネガティブな面もあります。まずは、ポジティブな面をアピールして自社への興味・関心を引いた上で、ネガティブな面もきちんと見せます。興味を持ってもらえれば、ネガティブな面を伝えても、冷静に検討してくれる素地ができるからです。

**まずは興味を持ってもらい、徐々にRJP度と差別化メッセージを高めていく**

**STEP 1.**
**自社の「ポジティブな面」**
**を伝えて近づく**

まずは一般的に好まれる要素などを打ち出しながら、聞く耳を持ってもらえるよう興味・関心を引く

**STEP 2.**
**他社のメリットが**
**自社にもあれば、**
**差別化しながら伝える**

ポジティブな面を伝える際にも、「他社と比べてこの点がさらに良い」という視点を持つ

**STEP 3.**
**信頼関係ができた後、**
**自社のネガティブな面**
**も正直に開示する**

十分にポジティブな面を知ってもらった上で、ネガティブな面もきちんと伝える

インターンシップや入社前の職場体験において現役の社員と同じ経験をする機会を提供することを通して、正面から文字通りの「RJP」を行うこともあります。

入社前の内定者に対して「本音セミナー」と称したRJP企画を実施し、企業や仕事の短所を開示した結果、新人の離職率を低減させた例もあります。

# 関心度・志望度・適応予想度

　応募者は一度に複数の企業へ就職活動を行うのが一般的です。そのため、同時に選考が進んでいる場合、入社したい企業の優先順位がついていくことになります。つまり入社の優先順位は、選考段階ですでにつけられています。内定を出した後になって内定者に対し、入社の可能性を高める「内定者フォロー」がよく行われていますが、このような理由もあって効果が得られるケースは多くありません。

## 入社の可能性を高める3要素

　入社の可能性が内定前で決まるものだとすれば、会社は内定前から入社の可能性を高める働きかけを行う必要があります。このときに考慮したいのが、応募者の「関心度」「志望度」「適応予想度」です。

### ①関心度：企業のことを知りたいと思う程度

　関心度は3つの中でもっとも基本的なもので、初めに高めておくべきものです。自社に関心を持ってもらえなければ、応募者は自社について調べてくれませんし、自社から伝えた情報も覚えてくれようともしません。

　関心度を高めるには、応募者と自社の心理的な距離を縮めるように働きかけることが大切です。具体的には、自社を身近に感じてもらえるような話を伝えるとよいでしょう。

### ②志望度：企業に入社したいと思う程度

　志望度が高いほど入社の意思決定をする確率が上がります。一般的な内定者フォローでは内定後に志望度を高めようとすることが多いのですが、むしろ効果的なタイミングは内定前の選考プロセスです。選考プロセスにおいて応募者の「見極め」を重視する企業もありますが、見極めで分かった応募者の価値観をもとに、その価値観に適合する自社の特徴を説明することで志望度を高められます。

### ③適応予想度：入社後、自分がどのように働くのかを想像できる程度

　応募者にとって、入社後に働くイメージがはっきりすればするほど、自社を選んでもらえる可能性が高まります。選考プロセスにおいて、仕事内容について詳細に伝えたり、社員が働く姿を実際に見せたり、応募者と性質の近い先輩社員と

会わせたりすると、適応予想度を高めやすくなります。

## 内定者フォローの本当の意義

入社の可能性を効果的に高める主要なタイミングは内定前の選考プロセスであって、内定後のフォローではありません。しかし、内定者フォローが無意味であるかといえばそうではなく、別の効果が内定後のフォローにはあります。

企業側が内定前に関心度、志望度、適応予想度を高めることを働きかけたとしても、応募者がこの3つを選考プロセスで強く意識していることはあまりありません。選考プロセスでは内定をもらいたい欲求が強いからです。半ば感覚的に自身にとって望ましい企業を選んでいます。

応募者が関心度、志望度、適応予想度を落ち着いて考えられるのは内定後です。その意味で、内定後のフォローは「それまでのプロセスを振り返りつつ総決算する段階」となり、企業が動機形成を働きかけるのではなく、企業と内定者が動機形成を再確認する場となります。

3つの要素が十分に高い状態で内定発令までたどり着いていれば、改めて強い働きかけを行う必要はありません。内定後のフォローで行うべきことはこれまでの働きかけを整理することです。

## One Point CHECK ❸

■**問題** 入社の可能性を高める3要素に関連した、以下の問題を解いてみましょう。入社の可能性を高めるために、説明会や面接などで情報提供を行うことについて述べた以下の選択肢のうち、もっとも適切なものを1つ選んでください。

[選択肢]

1.候補者から入社動機を尋ねられた際には、自分のことよりも自社の事業や仕事内容の魅力についてできるだけ客観的に説明するべきである

2.事業や仕事内容の説明において最も重要なことは、いかにして収益を上げているかというビジネスモデルを理解してもらうことである

3.組織の文化や風土の説明において最も重要なことは、「風通しが良い」などのような抽象的な表現だけでなく、それを表す象徴的な具体的事実や、社内で交わされている会話などによってイメージしてもらうことである

4.会社に対するネガティブな情報については、候補者の入社動機を下げる可能性があるので、質問されるまでは極力触れないようにしておくべきである

正解：3 ◀

# 採用体制の構築・社員の巻き込み方

　採用活動は、人事部だけで行うものではありません。会社説明会では、現場で働く社員に、実際の業務や会社の様子を語ってもらうことがよく行われています。面接では、応募者の配属先候補となる部署の管理職や同僚から役員、ときには経営者が面接官を担当します。社内の手が足りない場合にはRPO（採用アウトソーシング➡P.82）によって社外に協力を仰ぎます。

　このように、採用活動においては社内外の協力が欠かせません。しかしながら、人事部の採用担当者以外の社員や経営者に協力してもらう場合、本業以外の業務を要請することになるので、慎重に依頼する必要があります。

　この節では、どのように採用体制を構築するかを考えていきます。

## 採用のマンパワーを算出する

　採用体制を構築するにあたっては、採用活動に必要なマンパワーを試算することから始めます。採用のマンパワーは想定されるエントリー数や応募者数、説明会や面接で必要になる運営人数、選考回数などを基に算出します。このときに忘れてならないことは、単なる合計数ではなく「いつ必要になるか」という時間軸も考慮に入れることです。採用のマンパワーとして100人必要であるとしても、それが10日で100人必要なのか、1か月で100人必要なのかによって一人当たりの負担は大きく異なるからです。

　時間軸を考える際は、採用活動における種々のバックオフィス業務（スカウトメール、書類選考や応募者との日程調整や採否連絡などのコミュニケーション、データ管理など）にかかる時間も実際に細かく計算してみます。これらは想像以上に時間がかかっている業務なので、忘れないようにしましょう。たとえば面接が1時間の設定だったとしても、事前の日程調整や書類の準備、事後の評価検討の時間を含めると、その何倍もの時間を使っていることがよくあります。

## マンパワーをどう調達するか検討する

　算出されたマンパワーをもとに、どのような採用体制を構築していくかを決めます。自社の社員の協力を得るマンパワーの内部調達と、RPOを活用した外部

調達の組み合わせを、以下の観点から検討します。

### ①採用リソースにかけられるコスト

　RPO は外部にマンパワーの一部を委託できますが、委託するマンパワーに応じた費用がかかります。これに対し、自社の社員に参画してもらえればRPO ほどの直接的な費用はかかりませんが、社員の本業に使う時間を減らすことになるため、見えにくい機会損失が発生します。

### ②コア業務かノンコア業務か

　応募書類の受付や適性検査の実施などのノンコア業務は、RPO に出しやすいとされています。ノンコア業務を RPO に出すことで社内の負担は軽減できますが、何がコア業務／ノンコア業務かは各企業で定義が異なるため、採用活動に関する業務の洗い出しが必要です（➡ P.83）。

### ③会社のプロか労働市場のプロか

　採用活動において重要なのは、「人材が自社にフィットしているか」を見極めることと、「人材が自社に入社したいと思えるか」について動機形成を行うことです。応募者の自社に対する適性については、外部の人間よりも自社の社員のほうが、社内事情に詳しいため見極めやすいと考えられます。また、動機形成についても、実際に自社で働く社員のほうが働きかけやすいでしょう。一方、RPOの発注先やその一部となる人材紹介会社は、自社についてはそれほど詳しくありませんが、労働市場一般に詳しい場合が多く、近年の業界やビジネスで求められる人材の能力を見極めたり、自社で求められる能力の位置づけを知ったりする上では有利に働きます。


　以上の観点を考えつつ、採用リソースとのバランスを見ながら、自社に適した採用体制を構築しましょう。


## 採用活動に社員を巻き込む場合

　採用体制の構築において、マンパワーを内部調達でまかなう場合には留意すべきことがあります。

　まず、参画する社員の中には、日ごろから採用に関わる者としての訓練や経験を積んでいない人が多いことです。さらに、訓練や経験を積んでも、各社員が持つ採用の判断基準が今の自社の方針に沿わないものである可能性もあります。そのような社員が採用活動に参画すると、本来行いたい候補者集団の形成や見極め

ができません。そこで、採用活動の前にトレーニングを計画したほうがよいでしょう。この場合、指導役などトレーニング自体に必要なマンパワー、参画する社員の練度に応じたトレーニングを設計するためのマンパワーなども、忘れずにマンパワーの計算に入れます。

内部調達でのもう1つの留意点は、参画する社員への動機づけ（モチベーション）です。自部署の人材を採用するために参画する管理職とは異なり、一般社員が社命で動員された場合などはモチベーションが低くなる傾向にあります。これは本業以外の仕事を負わされることへの不満や、「採用は人事の仕事」と考えられがちなことなどに起因しています。このため、動員された一般社員に対する動機づけは非常に重要な課題です。

そもそも採用活動に人事以外の現場の社員が参画することを求めているのは、企業ではなく応募者です。その企業の社員が何を考え、現場でどのような仕事をしているかは応募者にとって重大な関心事であり、それを知るためにコミュニケーションを取りたいと考えています。これは特に、採用難の時代において重要で、現場の社員がいない採用活動は考えられません。社員を採用に巻き込む際は、社員の存在が採用の成功にとって欠かせないことであることをしっかり伝えます。

また、採用活動に参画することは、社員にとっても自分自身の業務やキャリア形成に対する動機づけになります。応募者とのコミュニケーションの中で、自身の入社動機や仕事の面白さ、事業の社会的意義などについて応募者から尋ねられることで、自分自身を見つめ直すことができます。

## 全社的な採用活動の意義

これまで見てきたように、採用活動は人事だけの仕事ではありません。自社のさまざまな部署や職位の社員が参画し、ときには社外のRPOまで動員する全社的な一大プロジェクトなのです。特に内部調達によるさまざまな社員の参画には大きな意義が2つあります。

1つは、応募者がさまざまな社員に会うことで、自社への関心度や志望度を高めやすくなるということです。

同じ会社にいながらも、部署、社歴、職位、仕事観などは社員によって異なります。応募者は複数の社員とのコミュニケーションを通じて、企業のさまざまな側面を知ることができます（➡P.86 RJP）。応募者にとって魅力的なものがあれ

ば志望度は高まりますし、逆に魅力的でないものがあった場合でも応募者がセルフスクリーニング（➡ P.70）を行うことにつながります。

　もう1つの意義は、多くの社員を応募者に会わせることで、応募者をより多面的に評価して見極めることが可能となる点です。応募者に希望する職種がある場合、その職種の経歴がない採用担当者だけでは、能力や適性を十分に見極められません。実際にその職種で働く社員の協力を得ることにより、業務の内容に照らして、自社にフィットするかを正確に評価できます。

## One Point CHECK ❹

**■問題 採用体制の構築に関連した、以下の問題を解いてみましょう。**
採用にかかるコストについて述べた以下の選択肢のうち、もっとも適切なものを1つ選んでください。

［選択肢］

1. 現場の社員を動員して面接を行うなどの社内でまかなう施策はキャッシュアウトがないが、人件費などの見えないコストがかかるので、それも考慮して検討すべきである

2. 一人あたりの採用単価は、採用人数が多くなるほど高くなるので、採用人数が増えれば例年よりも単価を高く設定して予算を組むべきである

3. 採用活動に参画する社員へのトレーニングは、OJTに含まれているのでマンパワーの計算に入れなくてもよい

4. 採用活動の一部をアウトソーシングする場合、人材紹介会社などの成功報酬型のほうが、採用アウトソーシング会社などの手数料型よりもリスクが少なく、コストも抑えることができる

正解：1

# 採用に関わる社員の育成方法

　前節では採用のマンパワーを内部調達する際、参画する社員に対してトレーニングを行う必要性を示しました。では採用に関わる社員には、どのような能力、行動、認識が求められるのか。以下ではそれをみていきます。

## 「人を見立てる（アセスメントする）力」の獲得

　採用を効果的に進めるためには、応募者の人物像を適切に見立てることが必要です。そのためには、以下のようなスキルや認識を持つ必要があります。

### ①人を表現する語彙（言葉）の豊富さ、正確さ

　面接で応募者と対面している時は、その応募者の言動をじかに認識できますが、次の選考や内定のプロセスでの判断材料として、面接の内容を記録して残す必要があります。その際に人物像を適切な言葉に置き換えて表現する語彙力が求められます（➡ P.49 ペルソナ化）。

　語彙力が不足していると、応募者の人物像が実際とは異なったまま他の面接官に伝わり、選考が進んでしまいます。

### ②インタビュースキル

　応募者をよく知るためのもっとも一般的な手法は、面接（インタビュー）で応募者の口から、じかに語ってもらうことです。そのためには、応募者に気分よく語ってもらうための雰囲気づくりや、質問の仕方などの工夫が必要です。姿勢を正して応募者のほうを向き、話に対して好意的に反応するなど、相手を尊重する態度を示すことが求められます。否定的な表現を行わず、相手がさらに話したくなるような言葉をつなぎます。（➡ P.143 応募者と接する際の心がけ）

### ③バイアスの認識

　面接官は選考においてさまざまなことに気を配るため、一度に扱う情報量が多い状態になります。そのため、ほとんど無意識に情報を効率的にさばこうとし、「バイアス」を作動させます。自身の好悪による評価をしやすくなって見立てにゆがみが生じやすくなるため、面接官は自身のバイアスを認識し、バイアスによって自分がどのような傾向に陥るのかを認知する必要があります。（➡ P.126 面接とバイアス）

## 自社への理解の醸成

　まだ企業の内実をよく知らない応募者にとって、採用プロセスで接触する社員はその会社の代表です。そのため、応募者は社員に対し、会社の事業や理念を体現し、教えてくれる存在であることを期待しています。

　そのため、採用に関わる社員には、自社の「経営理念」について正しく把握してもらう必要があります。また、事業や業務の具体的内容、組織文化や風土、自社の強みや弱みなどについて考え、応募者へきちんと説明できるようになってもらうことが求められます。

## 採用に関わる社員の育成における注意点

　採用活動の業務内容は、経理や法務など他の専門職と比べると、特段の訓練や専門知識がなくてもこなせる業務が多いように思われます。このことは、人事部に配属して間もない社員に OJT の一環として会社説明会や面接などの現場を経験させがちな点からもうかがえます。

　しかし、採用に関わる社員が身につけるべきことは、「採用力」の５つのカテゴリーに代表されるように数多くあります。知識をしっかりと身につけ、経験を積むことが求められます。（➡ P.16「採用力」の５つのカテゴリー）

# 第15節 リクルーターの位置づけと役割

これまで説明してきたように、採用活動には多くの社員が関わります。その中に「リクルーター」と呼ばれる人々がいます。

## リクルーターとは

「リクルーター」は特に新卒採用に携わる若手・先輩社員を指す日本独特の呼称です。彼らは人事部などの採用に関係した部署には属しておらず、普段はそれぞれが配属された部署の業務を行っています。しかし自社が採用活動を開始すると積極的に採用活動に参加し、求職者と接触していくことになります。

## リクルーターの主な役割

リクルーターの権限や役割は会社によって異なりますが、おおむね以下のように採用活動へ関わります。

### ①採用広報

自社について、求職者の関心度を高めるために情報提供を行います。たとえば、採用サイト上で「先輩社員の声」として自社の業務や制度を紹介したり、各種採用イベント（インターンシップ、説明会、選考会など）をパンフレットやSNSなどを通じてアピールしたりします。

### ②候補者集団形成

リクルーターの人脈（出身校や外部サークルの後輩など）を通じて求職者を紹介するなど、自社の候補者集団形成に関与します。近年ではリファラル採用（ネットワーク採用 ➡ P.190）の一環として行われることもあります。

### ③動機形成

リクルーターは応募者に対し、面談などを通じて自社への志望度を高めます。OB・OG訪問に応じて応募者の疑問に答えたり、入社に対する不安を解消したりといったフォローを行います。

### ④見極め

リクルーターは自身と接触した応募者について、そこで得られた情報から選考に寄与する情報を収集します。ただし、このような行為を応募者に選考である旨

を伝えずに行うことは、公正な採用選考の観点から問題視されることがあります。

## 身につけるべき力

　「リクルーター」はさまざまな役割を担う可能性があるため、求められる能力もその役割に応じた能力が求められます。

　広報活動であれば求職者の知りたい情報や共感できることを適切に伝えられる表現力、候補者集団形成であれば「人を見立てる（アセスメントする）力（➡P.94）」などが必要です。

　近年では、若手社員の中から成績の優秀な人材を、自社の魅力をアピールする存在として選抜し、リクルーターとしての研修を行って活動させる会社も出てきています。

　リクルーターの存在が重要視される理由は、志望度を高める要因の１つに、「就職活動中に会った社員」が挙げられることです。求職者に「共に働きたい」「あの社員のようになりたい」と思わせる社員がいれば、求職者の志望度は高まります。

第3章　採用プロセスの設計

97

# 受験者の声

## 採用担当者同士の目線を合わせ、
## 自社採用の考え方や戦略を見直すきっかけ

　採用は普段やっている業務ですが、いざ問われると迷ってしまう点が多くあり、問題を解きながら改めて自身の強みや弱みが再認識できました。

　採用担当者としての現在のレベル（知識量や考え方）が把握でき、他のメンバーとの乖離も見えたのでその点は良かったです。

　今後は採用担当者同士の目線合わせを行い、また弱みを改善することで、自社採用の考え方や戦略を見直すきっかけにしていきたいです。

　そして、改めて採用の奥深さ、必要性を感じました。

人材業 採用担当者

# 第4章

# 採用活動の実際
## （1）候補者集団の形成

第1節　採用ブランド

第2節　採用に関するWeb制作

第3節　エントリーシート

第4節　インターンシップの企画・実施

第5節　会社説明会の企画・実施

# 採用ブランド

## 採用ブランドはしばしばコーポレートブランドと異なる

　「コーポレートブランド」が世間一般での企業イメージであるのに対し、「採用ブランド」とは求職者にとっての企業イメージ、いわば「その企業に対して就業先としてどのような印象を持っているか」を指します。一般に採用ブランドの高低を測るものとして、就職情報会社等が毎年発表している「就職人気企業ランキング」などがありますが、実はあまり精度の高い指標とはいえません。まだ実務経験のない学生による、想像によるランキングであるからです。対して、実務経験があり、さまざまな企業と接したことのある社会人による「転職を希望する人気企業ランキング」は、一定の精度があると考えられます。実際、この2つのランキングを見比べると、傾向に差が見受けられます。

## 採用ブランドが低い場合に担当者がすべきこと

　コーポレートブランドの向上を主導するのが経営者や広報担当者の仕事であるとすれば、採用ブランドの向上を主導するのは人事・採用担当者の仕事です。

　採用ブランドについて担当者がすべきことは、3つに分類できます。

### ① 自社の採用ブランドを正しく判断すること（将来的な戦略も含む）

　自社の採用ブランドが労働市場においてどのような内容、レベルにあるのかを正確に判断し、将来的にはどの層にどの程度の訴求力を持つようになるべきかを検討しておきます。採用ブランドを知るための方法としては、たとえば、求職者を対象にしたアンケートなどの定量調査があります。

### ② 自社の採用ブランドに即した正しい施策を採ること

　たとえば中途採用を重視したい場合、マスプロモーション広告を打つよりも、少数の人材エージェントとの信頼関係を築き、自社をより深く知ってもらうなどの方法があります。

　実力はあるものの BtoB の業務がメインであるため世間的な認知度が低い企業の場合は、より知名度のある BtoC 企業と合同セミナーを開くなどの手があります（➡ P.35 コラム）。

また、効果的な採用活動を行うためには、基本的に「挑戦的な採用」、つまり自社の採用ブランド以上の人材を獲得できるよう工夫すべきです。採用にかけられるリソースと併せて考えながら、自社の置かれた状況に即した施策を採ります（➡ P.32 採用の成功＝企業力×採用力）。

新興ベンチャーなど、そもそも「採用ブランドが形成されていない」企業の場合は、リファラル採用（➡ P.190）も有効です。

### ③ 採用ブランドそのものを向上させること

「採用ブランド」を「求職者に対する企業の"約束事"」と捉えることが大切です。採用ブランドはあくまで「イメージ」ですから、契約や法律のように明示された「約束事」ではありません。しかし、求職者・採用担当者の双方が共通認識として持つものであることに変わりはなく、その「約束事」を違えた場合には求職者に「裏切られた」という思いを引き起こします。

求職者の多くが重視するのは「自分にとってその企業とは何か」と「社会にとってその企業とは何か」ですので、この2つの観点から考えてみます。

前者の個人レベルの観点では、「自分が成長できる企業であるか」「自分が活躍できるポジションがあるか」「その企業以外でも通用するスキルを身につけられるか」、後者の社会レベルの観点では、「その企業はどのように市場へ貢献できるか」「その企業の社会における役割は現状ではどうで、将来的にはどうなるか」といったことが「採用ブランド＝求職者と企業が共有する約束事」です。約束ですので、企業側は一貫して実行する姿勢を示さなければなりません。

人事担当者や採用担当者は、これらの約束事に整合性を持たせるために、自社の経営戦略や、社員のキャリアアップ支援策などをしっかりと認識しておく必要があります。

## 採用ブランドと実際の人材要件のズレ

気をつけなければならないのは、求職者側の持つイメージである「採用ブランド」と、自社にとって必要な「人材要件」にズレがある場合です。たとえば新進気鋭のベンチャー企業には独立心が強く自律性の高い人材が似合うように思われがちで、現実にそういった応募が多いのですが、実際には「突出したリーダーシップを持つトップダウン型」の社長のもと、業務を着実にこなす実務者タイプの人材が必要であるかもしれません。採用担当者はこのようなズレを意識しておく必要があります。

# 採用に関するWeb制作

採用情報を求職者に広く提供する方法には、主に「Webサイト」や「パンフレット」があり、そこに盛り込むコンテンツとしては「経営理念」や「会社概要」、「自社の特徴」や「キャッチコピー」などがあります。採用活動のメディアとして活用するWebサイトを、以下では「採用サイト」と呼びます。

## Web制作で陥りがちなこと

「採用サイト」は、求職者が直接エントリーできることなどから双方向の情報交換機能を持つのに対して、紙の「パンフレット」は一方向の情報提供が中心となります。紙の媒体は物理的に掲載できる情報量が限られるのに対し、Webサイトは膨大な量の情報でも載せることが可能という違いがあります。

そのため採用サイトでは、コンテンツを増やしがちです。経営理念や企業概要（創立年や社員数、資本金……）といった基本的な内容に加えて福利厚生も、研修体制も、採用の流れも、求める人材像もと盛り込む内容を考えていくと、コンテンツはどんどん膨らんでしまいます。

しかし実際のところ、採用サイトにいくら力を入れてコンテンツを増やしても、「求職者は自分が関心を持つもの以外はあまり読まない」と思ったほうがよいでしょう。むしろ厳選された情報をシンプルに載せたほうが読み手に好感を持たれます。

## 関心が薄いものは読み流される

人は情報との「心理的距離」が近いときに、その情報を読み込む傾向があります。心理的距離とは、どれだけ身近に感じるか、必要なことと感じるかなど、いわば関心度（企業のことを知りたいと思う程度 ➡ P.88）を意味します。

心理的距離を採用に当てはめると、それは「求職者がどれほどその企業に関心を持っているか」ということです。関心のある企業の採用サイトであれば、求職者はしっかり読み込んでくれます。ところが、求職者が採用サイトを見るのは、ほとんどの場合、就職活動の初期段階、つまり企業と求職者との心理的距離がまだ遠い段階です。とりわけ学生の場合、就職活動初期に興味があるのは、名前を

知っている企業や親などの周囲の人に勧められる企業が中心です。知名度の低い企業は、採用サイトに大量の情報を載せて求職者との心理的距離を縮めようとするのですが、その情熱が空回りしてしまっている現状があります。

　求職者は、その会社の選考に参加するかどうかを検討するために採用サイトを見ます。これは、その会社を知ろうとする最初の一歩にすぎません。企業を紹介する情報が膨大に掲載されているために、説明会の日時・エントリー方法といった、応募者が選考において必要とする肝心の情報が埋もれていては本末転倒です。採用サイトの他にも、説明会や面接など、求職者と企業との心理的距離を縮める機会はあります。企業は、採用サイトを精読する求職者はあまりいないという前提のもと、掲載するコンテンツを吟味する必要があります。

### 超リッチな面白サイトを作る「オウンド・メディア・リクルーティング」

　ちなみに、採用を目的としながらも、普通の採用広告の形式を採らずに、候補者となりうる人に興味を持たれる情報を発信するサイト（つまり普通に読んでいて面白い、有益なサイト）を作り、潜在的候補者をプールし、いざというときのための候補者集団を形成しておく方法もあります。これは「オウンド・メディア・リクルーティング」（Owned Media Recruiting）と呼びます。メルカリの「mercan」や、サイボウズの「サイボウズ式」、サイバーエージェントの「CyberAgent Way」などが有名です。ここまで手をかければ、採用サイトによる集客も望めるでしょう。ただし、コストは膨大です。

### ゴールを考えて、採用サイトを設ける／ SNS を活用する

　採用活動において採用サイトを効果的に活用するためには、まず「採用サイトを設置する目的」について意識しなければなりません。「採用サイトを見た求職者に何をしてほしいのか」を考えると、もっとも重要なことは、「求職者が採用サイトを見て、求人に応募すること」です。それを見据えてサイト全体を構築し、具体的なコンテンツを考える必要があります。より詳細な情報は、説明会に参加するなどして「心理的距離」が縮まった段階、具体的には選考のフェーズで提供するようにします。

　もし「自社に興味を持ってくれている人に継続的に自社の活動を知らせたい」ならば、固定的なサイトではなく、メールや SNS を活用する方法があります。自社の近況やサービスを常時掲載・更新していくことで、より身近に感じてもら

える、説明会の開催などを求職者へ直接伝えられるといった告知効果を効率的に高めることができる、といった効果が期待できます。

## コンテンツを取捨選択することが重要

　次にコンテンツの構成を考えます。どのような情報を盛り込むかは各企業の方針や事情により取捨選択することになりますが、重要度の高いものから多くても2〜3点に絞ることをお勧めします。それ以外は思い切って「掲載しない」もしくは「メインページ以外に掲載する」と決めます。

# エントリーシート

エントリーシート（ES）はもともと1990年代、「学歴不問の採用」が打ち出された際に、履歴書に代わるものとして考案されたものです。その後、多くの企業が採り入れ、今では応募の際に必要なものとして定着しています。しかし、現在のESが効果的に使われているかについては議論の余地があります（➡ P.60）。

## エントリーシートにしかできないことなのかを考える

求職者にESの提出を求めるのは、求職者の成功体験を知ることや、求職者の適性を見抜くためであるかもしれません。しかし、たとえば求職者の成功体験であれば、面接で本人の口から直接聞くことができます。求職者の適性であれば、適性検査を用いたほうが思い込みを排除することができます。

このようにESを提出させる目的がはっきりしない場合、また他の方法でも達成できる場合は、思い切ってESを廃止することが効果的です。

## エントリーシートを廃止するメリット

ESを廃止した場合のメリットは主に3つあります。

### ① 求職者の労力を減らすことで、採用プロセスに参加しやすくする

求職者にとってESの作成は負担です。応募者を多く集めればよいというわけではありませんが、売り手市場の時などは、応募者が集まらずに困る企業も多く、ESの廃止でエントリーのハードルを下げられるのはメリットになり得ます。

### ② 企業側の労力を減らすことができる

採用担当者は、ESの整理や精読のために使っていた時間を、他の採用活動のリソースとして使うことができます。たとえば求職者への連絡回数を増やすなど、求職者の志望度を引き上げるための時間として活用することができます。

### ③ 求職者は情報収集・吟味・検討の時間を増やせる

ES作成に投じていた時間を他のことに使えるのは、求職者も同様です。新卒採用における求職者は、学生の本分としての学業の合間に、活動時期に複数社を受けることが通例です。中途採用においても、在職中の社会人は業務の合間を縫って就職活動をすることになります。ESの作成は、双方にとって限られた時間を

圧迫します。ESの作成時間がなくなれば、求職者は1社あたりの情報収集・吟味・検討の時間を増やすことができます。これは企業にとってもメリットのあることで、情報を集めて考え抜いた上で応募・入社を決意した人は、入社後に「こんなはずではなかった」というリアリティ・ショックを感じにくくなります。

## 面接材料としてのエントリーシートに替わるもの

「それでも面接のときの話題のきっかけや判断材料としてESは手放せない」と考える採用担当者もいるでしょう。その場合、右図のような簡易的なシートを、面接時刻より15分ほど早く来てもらい、その場で書いてもらう方法があります。これだけのことで、事前のES提出に比べ、求職者と企業双方の負担は軽くなります。

この方法の大きなメリットとして、「代筆や添削が不可能」であることも挙げられます。事前提出型のESは、本人以外の人間（親、大学職員、就活セミナーの講師など）が介在している可能性があるからです。

書いてもらう内容には、「あなたの学生時代の活動を、合計100%になるように振り分けてください」といったテーマが考えられます。また、「志望動機」ではなく、「志望業界」を聞くと、その人の就職観などを理解することができます。

## エントリーシートと生成AI

ESの作成に生成AIを用いるケースが増えつつあります。生成AIの性能向上により、たとえば、「あなたの強みを教えてください」といった一般的な質問に対しては、一定の水準の回答を生成できるようになりました。

生成AIを活用すれば、候補者はES作成の負担を減らせます。しかし、そうして提出された文章をもとに、企業は候補者を見極めることができるのでしょうか。疑問が残ります。加えて、生成AIを用いることで、候補者自身が自分のことを振り返り、企業理解を深める機会も奪われます。企業選びのプロセスは、候補者にとって自身のキャリアについて考える貴重な時間です。

ES作成にAIが一定の役割を果たせるようになった今、企業はESの利用に一層の再考を迫られていると言えるでしょう。

# 第4節 インターンシップの企画・実施

## 魅力的なインターンシップとは

　昨今、学生に自社や業界・事業・仕事について知ってもらいたいと、インターンシップを導入する企業が増えています。企業でのインターンシップの実施率は82%（2022年度 経団連、226社調べ）。新卒採用においてインターンシップはもはや常識です。その結果、企業側は「学生にとって魅力的なインターンシップとは何か」を考える必要が出てきています。

　もともと、インターンシップはキャリア教育の一環であり、さまざまな業界や仕事、企業を知る機会でした。本来は「職業体験」の意味合いが強いイベントでしたが、現在では説明会や選考へのエントリーの入り口として扱われることが多くなっています。国や経済団体等は公正な採用活動の観点から、インターンシップを直接的な採用活動として行うことを推奨していません。

## インターンシップ制度の変化

　しかし、学生のキャリア形成支援活動にとって重要であることから、2023年度から適用される新たな基準により、インターンシップは一定の要件を満たしたプログラムのみを指すようになりました。具体的な要件は次の通りです（2024年時点では次の5つの要件）。

①インターンシップの期間中、学生は企業の現場で業務に携わることが求められます。学生は職場環境や業務内容を直接体験することができます（就業体験要件）。

②学生は、企業の現場社員から指導を受けながら就業体験を行います。これにより、業務に必要な知識やスキルを身につけることができます（指導要件）。

③インターンシップの実施期間は、5日間以上であることが求められます。この期間の半分以上は、就業体験に充てる必要があります（実施期間要件）。

④インターンシップの実施時期は、学生の学事日程や企業の受入れ体制を考慮して設定されます。多くの場合、夏季や春季の休暇期間中に実施されま

す（実施時期要件）。

⑤企業は、インターンシップの募集要項や実施内容について、学生に対して十分な情報開示を行う必要があります。学生はプログラムの内容や目的を理解した上で参加することができます（情報開示要件）。

　これらの基準は、日本経済団体連合会（経団連）と国公私立大学が共同で開催した「採用と大学教育の未来に関する産学協議会」で合意されたものです。基準を満たす場合、企業はインターンシップで得られる学生の情報を採用活動に活用することが可能とされています。

　一方で、従来の「1DAYインターンシップ」と呼ばれていたものは、「オープンカンパニー」と称されるようになりました。オープンカンパニーは、大学のオープンキャンパスに類似した、企業が主催する企業説明会やイベントを指します。主に1日開催のプログラムや就業体験のないプログラムが含まれます。オープンカンパニーの目的は企業や業界を知ることにあり、就業体験の有無は問われず、実施期間にも制限はありません。

## インターンシップのオンライン化

　また、コロナ禍以降、インターンシップのオンライン化が進んでいます。インターンシップは選考初期に行われることが多く、その時期は求職者も「どの企業に行きたいか」が明確になっていません。そのため、自宅から気軽に参加できるオンラインへの要請が強くなっています。

　オンラインでの開催は、リアルの開催と比べて非言語情報が減るものの、伝わる情報量は増えます。その意味で、オンラインは企業情報の伝達には向いています。ただし、情報を理解できた感覚は得られにくいという課題があります。

　また、オンラインインターンシップにとって大きい問題は、非言語情報が減ることで初対面の人同士の会話が円滑に進みにくくなる点です。そのために、たとえばグループワークの際には、企業側がファシリテーターを務めるなどの工夫が必要です。

## 自社のファン「以外」にも参加してもらう

　インターンシップを採用活動の入り口として扱う場合、「採用サイト」と同様に、求職者がその企業に対して持つ関心度に左右されやすいという問題があります。そうなるともともと関心度が高い、いわゆる自社の「ファン」が集まるだけ

になってしまい、候補者集団の形成が上手くいきません（➡ P.64）。ファン層のレベルは、自社の採用ブランドのレベルにほぼリンクします。もし、ファン層ばかりが集まってくるインターンシップにしてしまうと、非ファン層にとっては居心地の悪い場になってしまうかもしれません。

## 自社の魅力だけではなく一般的な魅力をつくる

インターンシップは、自社のファン以外の学生から見ても魅力を感じるようなものにしなければなりません。以下に具体的なコンテンツの例を挙げてみます。

- 自社ではなく、業界全体について知ることができるようなもの
- 会社選びや仕事選びなど、将来の就職活動に役立つようなもの
- 「グローバル」「地域活性」「高齢化」等の、注目を集めやすい普遍的なテーマで他社とコラボレーションして行う
- レクチャーつきで勉強になるビジネスプランコンテストとする
- 業界第一線級のエンジニアによる講義のあるプログラミングコンテストとする

たとえば旅行関係の会社であれば、観光地の観光協会等と連携し、その地で数週間労働体験ができるような企画で学生を募集すると、自社のファン以外からも優秀な学生がやってくる可能性が高まります。自社はあくまで後援や参加者の募集・選考などを行う「運営者」という立ち位置でインターンシップを支えます。そうすることで、自社のことだけをテーマに設計されたインターンシップよりも優秀な学生を集めることができます。

## 企画力に自信がなければ、地道な集客活動で勝負

とはいえ、なかなかよい企画が思い浮かばないこともあります。そのような場合は発想を変えて、結果として「自社にとって優秀な学生が集まっている」という状態を作ればよいでしょう。コンテンツの魅力で優秀な学生を集めるのが本道ですが、逆に企業側から優秀そうな学生を見つけ、積極的に声をかけて参加してもらう方法もあります。企業側からアプローチをする場合、内定者や新人社員の後輩たちへのアプローチが有効です。入社する人の周囲やその後輩たちの中には、自社に適している、自社にとって優秀な人材が存在している確率は高いものです。インターンシップを企画した際は、そのような層に直接的な広報活動を行っていきます（➡ P.64 PUSH 型プロモーション）。

そのほか、自社に適応しそうな属性を持つ人（スポーツ業界なら体育会、食品

業界なら飲食アルバイトなど）と関係をつくり、そこで自社のインターンシップ情報が流通するように仕掛けることも有効です。学生団体などの活動に協賛することで、そこに関わっている学生たちに宣伝してもらってもよいかもしれません。

## 時期によるインターンシップの違い

かつては、学生の夏休みにあたる時期にインターンシップを実施するケースが多かったのですが、近年は秋季や冬季の実施も増えています。

どの時期のインターンシップも本質的には意義や内容は変わりませんが、後半のインターンシップのほうが夏休みに実施するものよりも、企業の採用活動解禁時期（2024年4月時点）が迫っていることから、学生の就職に対する考え方や志望業界・企業が深まっていることは意識すべきでしょう。

夏季は学生にとって就職活動の初期なので、まだ十分に自分の志向が分かっていないケースが多く見られます。インターンシップの内容も、自社の事業や仕事の理解に特化したものよりは、幅広く業界や職種を検討できる情報提供が適しています。「仕事とは」「キャリアとは」といった一般的な問いについて考える機会となるようなインターンシップを設計します。

一方、後半のインターンシップになれば、学生側も就職活動を行う業界を絞ろうとする段階に入ってくるため、夏季より一層深く自社の業界や仕事を学べるような内容にします。たとえば、営業に同行してもらう、企画会議に参加してもらうなど、実際の仕事に触れる機会を設けるとよいでしょう。

## インターンシップを継続的なフォローにつなげる

インターンシップは、自社を知ってもらうためにも、すでに自社に興味を持ってくれている人の志望度をより高めるためにも、有効な施策です。よい人材に早期に接触し、信頼関係を結んでおくことで、就職活動の早期に自社への入社を決めてくれる可能性が高くなります。しかし新卒採用は、学生にとって選択肢の多い活動です。ある時点で志望度が高くても、結果を出すまでの期間が長すぎると、別の企業を選んでしまうかもしれません。インターンシップを実施するならば、その後の継続的なフォローにも力を入れるべきです。

## One Point CHECK ❺

■問題 インターンシップに関連した、以下の問題を解いてみましょう。

インターンシップを実施する際の、参加者への賃金について述べた以下の選択肢のうち、もっとも適切なものを1つ選んでください。

［選択肢］

1. インターンシップでの就業体験は就労に当たらないため、報酬を発生させる必要はない

2. 実際の業務と関係のないテーマでのグループワークなどは、参加者のキャリアを考える際に有用なものであれば、報酬を発生させる必要はない

3. 現在、学生に対して実施されているインターンシップにおいては、報酬のあるものがほとんどである。

4. インターンシップにおいて、新規開拓営業やインターン生が作成した資料を社員が業務に使用するような企業が実利を得る場合でも、教育的要素があれば報酬を発生させなくてもよい

正解：2 ◀

第4章 採用活動の実際 （1）候補者集団の形成

# 会社説明会の企画・実施

## 学生をひきつける会社説明会とは

　新卒採用における会社説明会は、大会場を借り参加者も多数であるケースが多く、採用担当者にとっても、いかに自社をアピールするかに力を入れる「一大イベント」です。

　しかし、学生側からは、「知らない企業の説明会に行こうとするモチベーションがなかなか湧かない」「せっかくスケジュールを調整して参加したのにただ長々と企業説明を聞かされた」という声が聞かれます。採用担当者は、会社説明会に参加すること自体が、学生にとってハードルになっていることを前提に、コンテンツを設計しなければなりません。

　説明会を企画する際には、まず「自社をアピールしたい」という気持ちが前面に出てしまうのを抑え、就職活動中の学生の身になって考えます。もっとも喜ばれる企画の1つは、彼ら自身の就職活動に役立つコンテンツです。自社の説明だけではなく、就職活動全般についての助言──たとえば面接、グループディスカッション、適性検査、自己分析などについて企業側の捉え方を開示し、選考過程の内実を知ることができるコンテンツであれば、特に就職活動に不安の大きい多くの学生にとって、好まれるものとなります。ほとんどの学生にとって企業の採用活動は得体のしれないブラックボックスのように捉えられているからです。

## 会社説明会ではなく業界や仕事の説明会

　また、「自社」ではなく「業界や仕事」といった、より広い範囲について情報提供する説明会にすることも効果的です。その企業に直接的な興味や関心は薄くても、その企業が所属する業界については知りたい場合があります。

　業界全体を説明した上で、自社の業界内の位置づけについて説明することで自社を印象づけられます。

## 社会人の先輩としてのキャリアを話す

　説明会に出る人自身（採用担当者や人事部長、現場のスター社員、経営者など）

が「自分のキャリア」について語ることも、コンテンツの1つとなります。話を膨らませる必要はなく、胸襟を開いて話すことにより、学生は相手を身近に感じ、共感を呼ぶことができます。

　学生にとって就職活動は未知の体験であり、それを経験してきた社会人は貴重な存在です。経験者がどのような思いで就職活動を行い、入社して現在に至るのかを真摯に伝えれば、学生も好意的に受け止めます。そのことが「一緒に働きたい」という気持ちや、その会社への興味へとつながっていきます。

## 無断キャンセルへの対策

　いくら工夫をこらした説明会を開催しても、現実的には多くの採用担当者が「学生の無断キャンセルが多い」という悩みを抱えています。これはどんなに大きな企業でも、どの地域であっても同様です。社会人ではない学生にとっては、自分は多数の参加者のうちの1人でしかなく、断りなく欠席してもさして問題はない、という意識があるのかもしれません。とはいえ、採用担当者にとっては大きな痛手です。

　「無断キャンセル」について即効性のある対策は存在しませんが、以下に挙げるような対応を行うことで、件数を減らせる可能性があります。

### ① 前日の出席確認を行う

　説明会や選考会などの前日に出席確認の連絡を入れるのは、もっとも基本的な無断キャンセル対策です。可能であればメールではなく、電話による確認を行うことが効果的です。電話で会話ができれば、約束という意識が生まれてキャンセル率は下がります。電話が通じなかった相手には、次善の対応としてリマインドメールを送る方法があります。ただし、いずれの方法も時間と労力を多く費やしがちなので、ある程度の省力化やRPO事業者への委託も視野に入れます。

### ② 「友連れ」の依頼

　逆に「無断出席」、つまり「飛び入り出席」を増やす方法もあります。①で出席確認をする際に、友人らの参加も勧めます。

### ③ 会場を学校の近くに設ける

　学生にとっては、自分の活動圏に近いかどうかが重要です。ターゲットとする学校のそばの会場を借り、そこに学生を呼び込むことでキャンセル率を下げることができます。

### ④ 交通費を支給する

　説明会参加者に交通費を支給する方法も有効です。ただ実費に応じて支払うのは非常に煩雑になるので、その場合は使いやすい金券を一律の金額で支給する対応もあります。交通費以外にも、自社の事業の特徴を生かした特典をつけることも、同様の効果があります。

### ⑤ 開催時期を調整する

　多くの企業が会社説明会を実施している時期（日程・時間帯）に実施すれば、競合が多くなるため、キャンセル率が高まります。多くの企業は平日昼間に説明会を実施するので、それを避けて、たとえば土日や夜の説明会開催を検討してみることも1つの方法です。

### ⑥ 予約時期を調整する

　説明会やセミナーの予約をいつ開始するかも重要な要素です。たとえば2か月前などかなり前から予約を受け付けるなどした場合、他に優先順位の高い予定が入りやすく、キャンセルにつながります。時期にもよりますが、実施と予約までの間は、一般的には2〜3週間程度がよいとされています。

### ⑦ 予約人数の調整

　以上のような工夫を行っても、無断キャンセルは完全には避けられません。それを見越し、最初から一定のキャンセル数は想定し、その分だけ多めに予約を受け付けることも検討すべきでしょう。

### ⑧ 説明会そのものを実施しない

　①〜⑦のような努力を重ねても期待する効果が得られない場合は、「会社説明会を行わない」という選択肢もあります。会社説明会に相当する動画をWeb上で流す（➡ P.115 オンライン説明会）など、説明会で得られる情報を別の方法で取得できるようにしておき、「選考会」から始めるという方法です。説明会よりも選考会のほうが、本格的な就職活動を実感させるので、学生にとってもキャンセルを考えにくくなります。

　実際に大規模な説明会を一切実施しないという会社も少なくありません。その場合は、面接等の選考の際、冒頭の10分〜15分程度を会社説明にあてるなどの対応を行っています。

## オンライン説明会の設計・実施

　コロナ禍以降、説明会のオンライン化が進んでいます。オンライン説明会においては、身振り手振りや視線などの非言語情報が少なくなることが分かっています。

　非言語情報が減ると、感情の伝達が難しくなります。そのため、情報の伝達に焦点を当てることが重要です。オンラインでは情報を理解できた感覚「伝達感」が下がる一方で、実際に理解している程度「伝達度」は高まることを実証した研究もあります。

　リアルの説明会よりもコンテンツ量を増やすことで伝達度の高さを利用すると良いでしょう。他方で、質疑応答を適宜はさむなど、候補者との関わりを作ることで伝達感も確保することができます。オンラインでは匿名性が高いと感じるため、対面時より緊張感が和らぎ、やりとりが円滑に進む可能性もあります。

　オンライン説明会をうまく進めるための4つのポイントを紹介しましょう。

①スタジオなどの特別な場所ではなく、オフィスの会議室など慣れ親しんだ場所からの配信が効果的です。話し手の顔が見えることで、求職者は集中して視聴します。また、社内を移動しながら撮影するなど、候補者に自社の雰囲気を伝える工夫もできます。

②オンラインでは、話すスピードが速いほうがきちんと視聴してもらえます。いつもより少し速く話すことで、話し手への魅力も感じてもらいやすくなります。

③リアルの説明会の録画をそのまま使うのではなく、オンライン視聴に適したコンテンツを用意しましょう。「後ろの方、スライドの文字は見えますか」など、対面特有の発言は避けましょう。

④事前知識がある人ほどオンラインでの学びが深まります。オンライン説明会前に採用サイトを読むように促したり、説明会後に追加の情報源を案内することを推奨します。

　オンライン説明会は、適切な対策を講じることで、リアルの説明会と同等の効果を発揮できます。オンラインの特性を理解し、候補者との効果的なコミュニケーションを図ることが重要です。

# MEMO

# 第5章

# 採用活動の実際
## （2）選考

第1節　適性検査の活用

第2節　面接官の選び方

第3節　面接シートの作り方

第4節　面接とバイアス

第5節　アセスメントワードの定義とすり合わせ

第6節　見極めるべき能力と見極めなくてもよい能力

第7節　各面接の目標の設定

第8節　オンライン面接と対面面接

第9節　応募者と接する際の心がけ

第10節　BEI（行動評価面接）とエピソードの掘り下げ方

第11節　採用でのAIの活用

# 適性検査の活用

採用活動における人材の判断材料としてもっとも多く使われているのは、「適性検査」と「面接」です。まずは適性検査について見ていきます。

## そもそも「適性検査」とは何か

適性とは「特定の活動を遂行するのに必要な知識・技術を習得する可能性」と定義され、「能力」と「性格」の2つの側面があります。適性検査は以下のように、この2つの側面を検査します。

●**能力検査**……個人の知的能力、一般常識や論理的思考力を問うことで、働く現場で必要となる基礎的能力を測定するための検査

●**性格検査**……自社の風土に適合性があるかどうかといった判定材料にするための検査

現在の採用活動で用いられる適性検査は、この両方の側面を見られるように設計されています。特に「性格」については、面接のほうが適切な見極めができると思われがちですが、人が人を見るときにはバイアスがかかるので（➡ P.126）、科学的には適性検査のほうが妥当性が高く、正確な傾向が出せるとされています。

しかし、求める人物像という前提が定まっていないと適切な見極めが行えないため、注意が必要です。

## 適性検査の種類とメリット・デメリット

適性検査は、その使用場面によって分類することができます。最近は受検者の利便性を高められることなどから、インターネットを利用して自宅から受検できるようにしている企業も増えていますが、本当に本人が受検しているのか確認できないというデメリットがあります。

| 媒体・実施会場 | メリット | デメリット |
|---|---|---|
| **紙による検査**<br>（会場・企業内などで実施） | ・不正受検がしにくい<br>・受検環境の選択肢が多い | ・監督者の時間とマンパワーが必要<br>・受検者の日程調整が必要<br>・会場から遠い受検者に負担がかかる |
| **IT機器による検査**<br>（会場・企業内などで実施） | ・監督者の時間とマンパワーの必要性が低い<br>・実施しやすいため、受検者の都合で日程が選べる | ・機器、会場などの準備が必要<br>・会場から遠い受検者に負担がかかる |
| **IT機器による検査**<br>（インターネットを使い、自宅などで実施） | ・監督者の時間とマンパワーが不必要<br>・受検者の日程調整の必要性が低い | ・不正受検の可能性がある |

適性検査の種類

　適性検査は面接に比べて必要とするマンパワーが少なく、しかも数値で結果が出るために評価が容易ですが、「学力試験」のように「優れているか否か」ではなく、あくまで「自社が求める人物像に近いか」を判定するものです。評価項目の点数が高い人が、必ずしも入社後のパフォーマンスが高い人であるとはかぎりません。

　また、特に性格に対する評価は傾向を表すものでしかなく、数値で結果が出るからといって、その数値をそのまま妄信するのは危険です。適性検査は、大集団を一定の基準で分けるには適しているので、初期選考での使用は有効ですが、個人を見極めるにはもっと多面的に情報を集め、総合的に判断することが求められます。そうした判断については、適性検査ではなく「面接」が使われることになります。

# 面接官の選び方

　「面接」は、応募者個人を見極めるという重要な判断の場ですが、採用担当者がすべての段階で各応募者に面接官として対応するのは現実的に困難です。面接の対象者が少なく、また内定出しに直結する後期の面接は経営者や役員など少人数で担当するとしても、対象者の多い初期から中期の面接は、多くの面接官が必要になり、現場の社員にも協力を求めることになります。

## 「頼みやすい人」に頼みがちな現状

　株式会社ビジネスリサーチラボが運営する「採用学研究所」の調査によれば、採用担当者たちの面接官の選び方は、「自分が頼みやすい人に頼んでいる」ケースが半数近くに及んでいることが分かっています。

**面接官の選び方についての調査**

- 自分が頼みやすい人に頼んでいる　47%
- 高業績者に優先的に頼んでいる　25%
- 学生に合った社員に個別で頼んでいる　11%
- 特に選び方に意図はない　5%
- その他の方法で選んでいる　12%

※各企業の採用担当者126名対象、2017年、採用学研究所調べ

　しかし、頼まれた社員の側からすると、面接官を担ったとしても自分の評定にはつながりにくく、時間的・労力的にも負担になります（➡ P.90）。

## 面接官の選び方次第で採用の成果が変わる

　上記調査と同時に行われたアンケートによると、「採用成果への満足度」の平均値は、「採用担当者が頼みやすい人に頼んでいる企業」は満足度が低く、「学生に合った社員に個別に頼んでいる企業」は満足度が高い傾向にありました。価値観や志向が近く共感できる社員が面接することで、応募者の志望度と適応予想度が高まり、動機形成が促されたものと推測されます。

　「頼みやすい人に頼む」ということを続けていると、社員の中に「面接の経験

が豊富な人」と「そうでない人」の偏りが生じることにもなります。同じ社員ばかりが面接官を務めると、同じ価値観や志向で判断され続け、採用の多様性が失われやすくなります。社員の面接官経験が長くなると、固定観念が強固になって柔軟性を失いやすい傾向にもあります。

　また、社員が面接官となって採用面接に関わると、自然に「新入社員を受け入れることに対する責任感」が生まれます。同じ人が面接官を担い続けると、面接に関わることで得られるこのような効果を一部の社員が独占してしまうことになります。

## 応募者のニーズに合わせて面接官を選ぶ

　面接官の選び方を考える上で前提となるのは、「面接官を依頼できる人を増やしておく」ことです。採用担当者は、日頃から社内で採用に対する理解を醸成しておかなければなりません。「採用は企業の存続と発展に欠かせない」ということを、社内で繰り返し発信します。

　面接に先立ち、応募者のニーズを把握しておくことも重要です。応募者のニーズとしては、「就職・転職活動で何を重視しているか」「面接でどんな話をしたいと思っているか」「面接官からどんな話を聞きたいと思っているか」などが挙げられます。技術の話をしたい応募者には技術に詳しい社員を、社風に関心がある応募者には社風を体現する社員というように、相手に合わせた面接官を選出します。

　応募者のニーズをつかむには、履歴書や適性検査がよい材料になります。それらをもとに応募者の人物像を推測し、「何によって興味・関心や志望度が高まるか」を考えてみます。

　また、グループ面接と最初の個人面接で応募者1人ひとりのニーズを引き出し、そのニーズを社内で共有して、次の面接官選びに活用することもできます。

　どの応募者にどの面接官を起用するのかは、面接の成果を大きく左右します。面接官を選出する際は、「頼みやすさ」ではなく、応募者と社員の「出会いのマネジメント」を重視する必要があります。

# 面接シートの作り方

　採用担当者の中には、詳細な項目からなる面接シート（面接評定表）を作成している人もいます。しかしそのような面接シートは、かえって面接にマイナスの影響を与えることがあります。

## 「作り込まれた」面接シートが面接の障害になることもある

　面接は人が行うものなので、面接官の価値観や志向による評価のブレは避けられません。特に現場社員が分担して面接を行う場合、ブレは大きくなります。多くの会社で面接シートが使われているのは、少しでもブレを小さくするためです。

　面接シートは、おおむね「応募者の情報」「面接で評価するポイント」「面接時の質問例」「評価欄」「面接官の感想」「次の選考への申し送り事項」といった項目で構成されます。面接シートに書かれた項目に沿って質問や評価を行えば、面接官の価値観や志向に拠らない評価が可能になるため、採用担当者は、詳細に作り込まれた面接シートを用意しようと考えます。

　しかし、面接シートが期待通り有効に活用されるケースは多くありません。採用担当者は、面接シートの項目を作り込もうとするあまり、面接官がどう面接シートを運用するかについての配慮が不足しがちです。次頁に、「運用に配慮していない面接シート」の例を掲載していますが、このシートには5つの問題点が含まれています。

### ❶ 項目の定義が抽象的

　たとえば「傾聴力」の定義が「他者の話をしっかり聞くこと」となっていますが、この定義では他者とは誰か、しっかりとはどの程度かなどが分かりません。面接官は、応募者の何をどのように見極めればいいのか迷います。その他の項目も同様です。

### ❷ 評定項目の数が多すぎる

　評定項目が多いと、面接時間内に評価し終えることができなかったり、評価に必要な情報を聞き忘れたりします。

### ❸ 先入観を誘発する情報が掲載されている

　学歴や性別など、面接官に先入観を与える項目があると、先入観を強化するだ

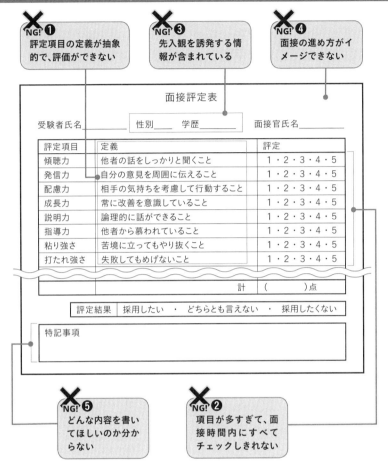

**運用に配慮していない面接シート**

**NG!❶**
評定項目の定義が抽象的で、評価ができない

**NG!❸**
先入観を誘発する情報が含まれている

**NG!❹**
面接の進め方がイメージできない

面接評定表

受験者氏名＿＿＿＿＿　性別＿＿＿　学歴＿＿＿＿＿＿　面接官氏名＿＿＿＿＿＿

| 評定項目 | 定義 | 評定 |
|---|---|---|
| 傾聴力 | 他者の話をしっかりと聞くこと | 1・2・3・4・5 |
| 発信力 | 自分の意見を周囲に伝えること | 1・2・3・4・5 |
| 配慮力 | 相手の気持ちを考慮して行動すること | 1・2・3・4・5 |
| 成長力 | 常に改善を意識していること | 1・2・3・4・5 |
| 説明力 | 論理的に話ができること | 1・2・3・4・5 |
| 指導力 | 他者から慕われていること | 1・2・3・4・5 |
| 粘り強さ | 苦境に立ってもやり抜くこと | 1・2・3・4・5 |
| 打たれ強さ | 失敗してもめげないこと | 1・2・3・4・5 |

計　（　　　　　）点

| 評定結果 | 採用したい　・　どちらとも言えない　・　採用したくない |
|---|---|

特記事項

**NG!❺**
どんな内容を書いてほしいのか分からない

**NG!❷**
項目が多すぎて、面接時間内にすべてチェックしきれない

出典：『「最高の人材」が入社する採用の絶対ルール』（ナツメ社）より一部改変

けの面接になる可能性があります。

**❹ 面接の進め方が分かりにくい**

　この面接シートでは、面接の進め方が見えてきません。上から下になぞっていくと、自然な会話の流れとなるように項目を並べるなどの工夫が必要です。

**❺ 「特記事項」に何を書けばよいのか分からない**

　ただ「特記事項」とあるだけで、事前に具体的な指示がなければ、各面接官の判断で適当な内容を記入するしかありません。これでは、内容も分量も面接官によってバラバラになります。

## 応募者とのコミュニケーションにマイナスになる可能性もある

　作り込まれた面接シートは、面接官と応募者との関係作りにおいてもマイナスに働くことがあります。このような面接シートを与えられた面接官は、項目の確認や記入欄を埋めることに必死になります。対話への意識が弱まり、応募者との円滑なコミュニケーションが難しくなります。

## 面接には「見極め」と「動機形成」の役割がある

　うまく面接シートを利用しつつ、効果的な面接を運営するには、「面接が、どのような目的でなされるものか」を考える必要があります。面接で企業が行うべきことには、大きく分けて「見極め」と「動機形成」の2つがあります。

### ●「見極め」……応募者の能力・自社への適性を判断する

　見極めとは、「企業が応募者を評価する」ことです。たとえば、企業側が応募者に過去の経験を尋ね、その回答を得ます。その上で、人材要件に照らし合わせて必要な人材かどうかを判断します。

### ●「動機形成」……自社への入社意欲を高める

　「応募者の企業に対する評価を高めてもらう」ことです。たとえば、応募者が企業選びで重視している点を把握し、それに合った自社の特徴を紹介します。

　「見極め」と「動機形成」では、面接官に求められることが異なります。「見極め」においては、冷静で客観的な判断が必要ですが、「動機形成」においては、応募者を惹きつけることが必要になります。「応募者を評価すること」と「入社したいと思ってもらうこと」とは分けて考えなければなりません。

　これらを1回の面接で1人の面接官が同時に行うのは難しいため、役割分担をすることが推奨されます。あるいは「一次面接は動機形成」「二次面接は見極め」というように、面接の段階によって主目的を分けてもよいでしょう。

　「見極め」だけ上手くいっても「動機形成」が不十分では、応募者は入社してくれません。一方で、「動機形成」だけが上手くいき「見極め」が不十分だと、応募者も企業も入社後に苦労することになります。片方でも欠けると、採用の成功は難しくなります。

## 面接シートは「見極め」に活用する

「見極め」と「動機形成」のうち、面接シートは「見極め」に限定して使うものだと考えましょう。

重要なポイントは、「面接官の運用に配慮する」ことと**「面接シートの制作意図を面接官に伝えておく」**ことです。採用担当者は実際の運用を考えて項目を作りつつ、面接シートに込めた意図を面接官に十分に説明しておきます。この際、文面などではなく、対面でしっかり伝えるのが効果的です。可能であれば、作成にあたって面接官と打ち合わせの機会を持つのもよいでしょう。「人材要件やその要件を持つ人の見極め」について一緒に考えてもらい、その過程で出たアイデアをもとに面接シートを作ることで面接官の理解もうながせます。

面接後には面接シートを使った面接官に、「使ってみてどうだったか」を聞いてみましょう。はじめから完全な面接シートは作れません。評価の一貫性は大事ですが、問題があるようなら途中で修正します。

また、面接シートを使うことで、会話が不自然になるのは避けたいところです。上から下に向かって、会話の流れを意識して項目を作成しましょう。

## One Point CHECK ❻

**■問題 面接シート（面接評定表）に関連した、以下の問題を解いてみましょう。面接シートは、選考の精度をあげる上で有効なツールですが、その作り方や使い方を説明した以下の選択肢のうち、もっとも不適切なものを1つ選んでください。**

［選択肢］

1. 面接では応募者が「思っていること」ではなく「事実」を聞くことに力点を置くべきで、面接シートも事実をベースに記入できるような設計にしたほうがよい

2. 見極めの精度を上げるためには、評定項目を多数設け、その評定項目の定義は、できる限り抽象度を高くし、面接官には解釈の自由度を与えたほうがよい

3. 面接官が評定表の記入に気を取られないよう、面接の流れに沿って自然にチェックできるような評定項目と順番の設計が望ましい

4. 面接シートは、日ごろ人事採用業務に携わっていない現場の社員でも適正な記入ができるよう、事前の説明をしっかりと行う必要がある

正解：2 ◀

# 面接とバイアス

　人が人を見立てる場合、バイアス（先入観、思い込み）が伴うものです（➡ P.94）。これはいくら事前に研修などを行っても、完全には排除できません。そのため「面接には必ずバイアスが入る」ことを前提として、バイアスの種類や性質について知り、意識しておくことが大切になります。

　以下にいくつかのバイアスの例を挙げます。数々の心理学の研究などで、誰もが持ちうるものとして実証されているバイアスです。

## バイアスの例

### ■類似性効果

　「人は自分に似た人に好感を持ち、高く評価しがち」という傾向です。自分に似たタイプの人には親近感を持ちやすいため、より早く友好関係を築きやすくなります。

### ■確証バイアス

　自分の信じていることに沿う情報を集め、反証する情報を目に入れない傾向です。初対面の人の人物像を第一印象などで認識すると、その後にどのような会話を行っても、その認識を補完する情報ばかりを拾ってしまいます。

### ■対比効果

　逆の性質を持つものを一斉に判定する場合、実際以上にその違いが際立ってしまうことをいいます。たとえば優秀に見える応募者とそうでない応募者がいた場合、優秀に見える応募者を実際以上に優秀に感じてしまいます。

### ■ピグマリオン効果／ゴーレム効果

　たとえばある教室で、教師にあらかじめ「将来有望な優等生集団」という偽の情報を与えておくと、教師の「期待」が影響して、そのグループの生徒たちの成績が実際に上がる確率が高まります。これを「ピグマリオン効果」と呼びます。逆に最初から「劣等生集団」と決めつけられた集団は、実際に成績が下がります。これを「ゴーレム効果」と呼びます。

### ■ハロー効果（後光効果）

　相手の一部分の属性（たとえば容姿や学歴など）に引きずられ、まるで後光が

さしたかのように、全体が実際以上に優れて／劣って見える傾向です。ハロー効果を打ち消すため、欧米では求人の際に写真の添付や年齢、名前さえ事前には知らせないことがあります。

### ■良い警官と悪い警官

バイアスを利用した交渉テクニックの1つです。意図的に悪者（悪い警官）を作ることで、自分は相手にとって話の分かる人物（良い警官）として振る舞い、相手の妥協を引き出すことができるというものです。「良い警官」は対象者に支援や理解を示すように振る舞います。逆に「悪い警官」は攻撃的かつ否定的な態度を取ります。すると対象者は「良い警官」への信頼感や「悪い警官」への恐怖から、「良い警官」に、さまざまな情報を話してしまいます。

面接でこれを行うと、結局「良い警官」の期待に添うような、偏った情報ばかりが出てくることになりかねません。

## バイアスに自覚的であることが必要

これらのバイアスを完全に排除することはできませんが、採用担当者も面接官もバイアスの存在について知り、常に「自分の見方は偏っているのではないか」という自覚を持つことが大切です。そうした意識を持ち続けることで、自身の傾向が分かってきます。

そのためには、周囲からのフィードバックも重要です。複数の面接官が同じ面接を行った後、それぞれが下した評価について互いに比較してみます。そこには大なり小なりのズレがあり、それを互いに指摘し合うことによって、自分がどのようなバイアスを持っているかを確認することができます。

# 第5章
## 第5節　アセスメントワードの定義とすり合わせ

　人材要件を定める際には「共通の定義を持つ、具体的な言葉で」表現し、共通認識を持つことが必要だと述べました（➡ P.48）。それは面接に関しても同じです。同じ面接に立ち会い、同じ話を聞いたとしても、どのような人材であるかを共有するためには、その人を表す言葉について共通した定義を持っていなければなりません（➡ P.94 人を見立てる力）。「元気がいい」「コミュニケーション力がある」「地頭が良い」といったよくある言葉でさえ、人によって捉える意味が違うことがあります。これを避けるには、あらかじめ言葉の意味のすり合わせを行っておく必要があります。

### 人を表す「方言」と「標準語」

　日常的に社内で顔を突き合わせ、幾度となくコミュニケーションを繰り返していれば、人を表現する言葉をすり合わせることは可能です。しかし、そこで共通認識を持って使われる言葉は、いわばその企業や組織における「地域言語（方言）」です。そのような言葉は、同じ企業や組織内においては暗黙の了解として、多くを語らずとも意味が伝わるため、それが方言であることに無自覚になりがちです。

　採用（特に新卒採用）は多くの場合、社内外の大勢の人を巻き込んで行われる一大プロジェクトです。関係者全員に分かる言葉（＝「共通言語（標準語）」）で表現しなければ、本当の意味が伝わらずに、共通認識を持てない状態に陥ってしまいます。以下に両者の違いをまとめてみます。

#### 人に関する表現の「地域言語」と「共通言語」

| 人に関する「地域言語(方言)」 | 人に関する「共通言語(標準語)」 |
| --- | --- |
| ●日常的な言葉を使っているので自然 | ●表現としてはやや硬い |
| ●定義が曖昧で、人や組織によって、意味合いやニュアンスが異なる | ●定義が厳密で、人や組織によって、意味合いやニュアンスが変わりにくい |
| ●内輪においてはスムーズに通じるが、外部の人には伝わらない | ●外部の人にとっても理解しやすく、伝わりやすい |
| ●世代を超えていくうちに、知らない間に言葉の意味合いが変わることもある | ●時代が変われば、意識的に修正していくことができる |

## 定義が曖昧になりがちな言葉の例

　世間一般でよく使われる言葉ほど、使うたびに特別な意味が加わっていくため、企業によって異なる意味（方言）で使われることがあります。そのため、よく使われる人を表現する言葉（＝アセスメントワード）であればあるほど、その意味については定義を確認すべきです。確認を怠ると、使っている言葉は同じでも、関係者の頭の中のイメージが異なっている可能性があります。そうなれば、採用基準の精度も下がってしまいます。

　もっともよく使われる（しかし実は定義が曖昧な）言葉の代表格としては、「**コミュニケーション能力**」や「**地頭**」、「**意欲**」が挙げられます。

### ●コミュニケーション能力

　おそらく採用活動をはじめとして、人事全般でもっともよく使われるアセスメントワードと言って差し支えない言葉です。しかし同時に、さまざまな意味で使われている言葉でもあります。

　たとえば、曖昧な情報の中から意味を読み取ることを示す「空気を読む力」や「感受性」を指すことがあります。その一方で、自分の主張を筋道立てて分かりやすく話すことができる「説明力」として使われる場合もあります。また、あるコンセプトを理解してもらうために、適切な語彙や具体例を使いながら表現して相手にイメージさせる「表現力」を指すこともありますし、場合によっては1つの話題から他の話題を展開できる「引き出しの多さ」を示すこともあります。

### ●地頭

　「コミュニケーション能力」と似た言葉として、「地頭」がよく使われます。両者は違う言葉として使われていますが、似た意味で使われることがあります。たとえば、上記の例で言うならば、「曖昧な情報から意味を読み取る力」は「コミュニケーション能力」のように思えますし、「曖昧なものから本質を把握する力」は「地頭」の説明のように思えるかもしれません。さらに人によっては、この例とは異なる言葉の捉え方や使い分けをしているでしょう。

### ●意欲

　「意欲」と一口に言っても、理想や志や目標が高いというような精神的な「達成意欲」もあれば、エネルギー量やバイタリティなどの身体的な「活動意欲」などもあります。これらは別のものですから、どちらのことを指しているのかは明確

にしなければなりません。

　このように、「意欲」には複数の意味があるため、意味を正しく捉えることが必要です。たとえば、「達成意欲」が高いが「活動意欲」が低いという人は、高い理想を実現するだけのバイタリティがないために空回りしてしまうことがあります。逆に、「達成意欲」が高くなくても「活動意欲」が高ければ、他人から感謝を受けながら、あるいは何かができるようになったなどの日常的な小さな達成に喜びを得ながら、高いエネルギー量を発揮して知らぬ間に大きな仕事を成し遂げるようなことがあります。こうしたことは、「意欲」という言葉を曖昧にしたまま捉えていては理解できません。

## 「良い」と思われがちな言葉も、掘り下げて考える

　他にも、一般的には「良いもの」として使われる言葉が、場合によっては不適切であるケースがあります。

### ●ストレス耐性

　刺激に対して「鈍感」であれば、ストレスには強いと考えられます。しかし、これは感受性とトレードオフの関係にあります。そのため、接客業などの、職場や顧客の変化に対してすばやい対応が必要な職種では、このストレス耐性を重んじることが不適切な場合もあります。一方で、「飛び込み営業」のような職種であれば必要かもしれません。

　また、トラブルが起こった際に、その原因や責任を「自分のせい」ではなく「他人のせい」にできる人も、ストレス耐性のある人といえるでしょう。しかしこれは「責任転嫁」につながり、必ずしもよい傾向だとはいえません。ただ、すべてのトラブルを全部自分のせいだと思う自責の人は、仕事を抱え込んで心身を疲弊させやすい傾向にあります。

　他にも、あまり根拠がなくても「やればできる」と思える「自己効力感」の高い人や、逆境やチャレンジングな場に堂々と自信を持って臨むことができる人は、そういった局面でストレスを感じることが少ないとされています。しかし、これも「根拠のない自信過剰」と捉えられる場面もあります。

### ●主体性

　「指示を待つのではなく、自分から動ける主体的な人が欲しい」という意味で、「主体性」という言葉もよく使われます。似た言葉に、「自発性」「自律性」「イニシアティブ」などがあり、場合によっては「リーダーシップ」も同様に用いられ

ます。

「主体性」という言葉の意味は、「自分を取り巻く環境をどういうものと捉えるか」で変わってきます。今の環境が動かすことのできない「前提条件」だと無意識に考えている人は、従順ではありますが、環境を変える努力をせず、敷かれたレールの上を走りたがります。これを「与えられた課題に対して前向きに積極的に取り組んでいる」として「主体性」と呼ぶことがあります。

一方で、今の環境は目的に応じて変えていいものだと認識している人は、ルールや枠、制約条件などを気にせず、自分の思うように動きます。一般に「主体性がある」と表現されるのはこちらです。この「主体性」を持つ人は、たとえばマニュアル通りの作業が求められる現場には向かないと言えます。

## 頻出ワードほど注意深く使う

以上のように、抽象度の高い言葉で人材を表現すると、見る人によって思い描くものが異なる場合が起こります。これでは、面接官の選考基準をすり合わせることは困難です。社内でも意味を取り違える可能性があるので、社外の人や求職者にはなおのこと同じ意味に取ってもらうことは難しいでしょう。さらに懸念として、お互いそれに気づかないまま採用プロセスが進行することも起こり得ます。

したがって、頻出のアセスメントワードであればあるほど、採用担当者はお互いに定義を確認しあって、共通した意味にすり合わせた上で用いなければなりません。

# 見極めるべき能力と見極めなくてもよい能力

　企業が人材要件を検討し始めると、求める能力を必須要件として多く挙げてしまいがちです（➡ P.62 人材要件を設定する際の注意点）。そうした必須要件のすべてに該当する人材を探すのは現実的ではありませんし、仮にそのような人材がいれば、多くの企業が求めるでしょうから、厳しい採用競争を覚悟しなければなりません。

　その競争に加わるよりも、採用担当者がまずすべきことは、「本当に見極める必要のあるもの」を絞り込むことです。選考において見極めが必要なものと不要なものを明確にするための、2つのポイントを紹介します。

## 入社後の1・2年を生き残るための能力

　入社前に必要最低限持っておいてもらいたい能力は、「入社後の1・2年を生き残るための能力」です。1年目は人間関係を構築しながら、自社の制度、仕事のルールや進め方など、多くのことを学ばなければなりません。2年目は仕事に慣れてきて、企業の良い点だけでなく、悪い点も見えてきます。「こんなはずじゃなかった」という気持ちにも陥りやすくなります（➡ P.69 リアリティ・ショック）。

　1・2年目は、仕事や企業へ適応するのに苦しみやすい時期だといえます。まずは、この時期を乗り越えるのに必要な能力を考え、選考で見極めるべき能力として設定しましょう。その際、1・2年目の労働環境を考慮することが重要です。労働環境は企業によって異なります。OJT（職場で実際に働きながら受ける訓練）の制度や環境が整備されており、上司から育成の支援を受けやすい企業もあれば、そうでない企業もあります。前者の場合であれば、支援を受け止めて「真面目に取り組む人」が人材要件となるかもしれません。後者の場合は、「自律的に周囲に働きかけられる人」を人材要件にする必要があるでしょう。

## 入社3年後以降にも必要だが、育成が難しい能力

　「入社3年目以降にも必要だが、育成が困難なもの」も、選考時点の人材要件に入れておいたほうがよいでしょう。たとえば、顧客との商談や資料作成に多くの時間が取られる仕事環境では、「営業データを分析するスキル」を磨くことは

難しいかもしれません。データ分析スキルを持っていることが、その企業で働く上で重要かつ有効なのであれば、「データ分析スキル」は人材要件に入れたほうがよいでしょう。

　逆に、入社後に育成可能なものを検討し、採用時の要件から排除することも必要となります（➡ P.45 優秀要件）。たとえば「業界の動向に関する知識」は、仕事をしながら先輩や上司とやり取りする中で蓄積され、学んでいくことができます。

　こうして自社の業務の性質を掘り下げることで、見極めが必要な能力を絞り込むことができます。現場社員や経営層とディスカッションを重ね、自社で働く上で本当に必要な能力は何かを検討しましょう。

## 「面接」は特殊な環境

　「面接」は日常生活にほとんど存在しない、特殊な環境です。それゆえどの人にとっても経験や知識が不足しがちです。それにもかかわらず、特に人の見極めに不慣れな人が面接官を行う場合、「挨拶の声が小さい」「敬語がうまく使えない」などの表面的な理由だけで不合格にしているケースが見受けられます。また、応募者が緊張のあまり早口になったり、あるいは言葉に詰まったりすることで、評価を低くつけるケースもあります。

　面接という特殊な環境下での表面的な事柄に目を向けて合否の判断をすることは、合理的ではありません。採用担当者はもちろん、現場から選ばれた面接官も、このことを意識しておくべきです。

　「人材要件の4つのポイント（➡ P.44）」でも説明した「必須要件」「優秀要件」「ネガティブ要件」「不問要件」を、経営層や現場とじっくりと議論して定めていきましょう。

# 各面接の目標の設定

一度の面接で多くの側面を見ることは難しいため、選考プロセスでは面接を複数回設けるケースが多く見られます。内定に至るまでの面接の回数は企業によってさまざまですが、おおむね3つのステージに分けて、それぞれに「見るべきポイント」を定めておくべきです。

## 面接のステージごとの「判断すべきポイント」

仮に面接のステージを初期・中期・後期（最終）の3つに分けた場合、判断すべきポイントとそれぞれの目標とすべき点は以下のようになります。

### 面接のステージごとに判断すべきポイントと目標

**①初期選考**
能力面のスクリーニング

**②中期選考**
パーソナリティの確認

**③最終選考**
優先順位づけ

## ① 初期選考は能力のみを判断し、あとは情報収集を目的とする

まず、初期選考で行うべきことは、能力面のスクリーニング（選抜）です。

初期選考の時点では、まだ応募者は玉石混交の状態で、対応すべき人数も多いため、多くの企業では複数の応募者を一度に面接するグループ面接を行うのが一般的です。この段階では面接官も、普段はそれぞれの現場で働く社員が多いでしょう。

そのような状況の中、応募者のいくつもの要素（パーソナリティ、能力、自社との適合度など）を判断することは困難です。そのため、初期選考では「能力」にフォーカスして選考を行い、面接官の負荷を下げることが望ましいといえます。

その場合には、見るべき「能力」の定義を明確にした上で、見るべき能力をできる限り絞り込んでおくことが望まれます。そして、面接官には「能力」以外を評価させないことが大切です。訓練されていない面接官は、さまざまなバイアスを持ったまま相手を見てしまうからです（➡ P.126 面接とバイアス）。

## ② 中期選考でパーソナリティと決断のタイプを把握

　中期の選考では、パーソナリティと決断のタイプを中心に見極めます。初期選考で能力面でのスクリーニングが済み、中期選考で会う応募者は、求められる能力の最低基準はクリアしているので、中期選考はパーソナリティと決断のタイプを評価する段階となります。

　つまり中期選考は、応募者のパーソナリティ、行動特性、思考特性を評価し、それらが「求める人材像」と合致しているかを判断する場となります。これは能力より難しい判断になるので、面接官へのガイダンスやトレーニングにも力を入れる必要があります。

　ここで注意すべきは、パーソナリティと決断のタイプは、優劣を決めることも、点数によって絶対評価できるものでもない、ということです。

## ③最終選考は敢えて順位づけする

　ここまでの選考では「判断できなければとりあえず上げる」ということができますが、最終選考では明確に「合格か不合格」を決めなくてはなりません。

　最終選考が難しいのは、残った応募者は「求める人材像」にある程度合致している場合が多いため、合致の「程度」を判断し、相対的な優先順位をつけることが求められるからです。しかも、パーソナリティなどは合致度を明確に数値化することは難しいものです。そうした中でも敢えて順位を決めなくてはなりません。つまり「求める人材像」に従い、相対的な判断が求められます。

### 各ステージでの判断基準とその難易度

　初期・中期の選考での判断基準や判断の難易度と、最終選考のそれを比較すると、次頁の表のようになります。

　判断に迷った場合、初期・中期の選考では「自己判断だけで落とさず、次の段階に上げる」ことが基本であるのに対し、最終選考においては「レベル面で迷ったら採用しない」ことが基本となります。

|  | 初期・中期選考 | | 最終選考 |
|---|---|:---:|---|
| 選考の難易度 | ●玉石混交のため、比較的容易<br>・能力の差、人物合致度の差が個人間で大きいため、優劣をつけるのが容易 | ⟷ | ●甲乙つけがたい中での優先づけ難しい<br>・数度の選抜後で、「求める人材像」に合致する人材が中心<br>・その中であえて優先順位をつける選考が最終選考 |
| 選考に迷ったら | ●次の選考に上げる<br>・分からなければ次の選考へ。自己判断だけで落とさず、すり合わせを基本とする | ⟷ | ●不採用<br>・採用するかどうか迷う人材は基本的に採らない |

　一方、内定に値する人材や内定を受諾してくれた人材の数が想定より少ない場合は、最終選考で不採用とした応募者を補欠合格としたり、再チャレンジを促したりすることもあります。ただし、これは大変デリケートな方法です。応募者との信頼関係をどのように構築すべきかを慎重に検討し、コミュニケーションの取り方や合否の伝え方には細心の注意を払う必要があります。

---

### コラム　　　面接の回数について

　適性検査などを除いた「面接」の回数は、新卒採用では3回、中途採用では2～3回が一般的です。少なすぎると相手の見極めが難しくなりますし、多すぎるとオペレーション（面接会場の確保、面接官や応募者のスケジューリングなど）が煩雑になる上、応募者の意識にも中だるみなどが生じることがあります。

　業種や職種別にみれば、金融関係や営業職は回数が多く、3～4回の面接を設定するケースが多いといわれています。社外の顧客や金銭にまつわる「信頼関係」が重視される職種であるため、多角的な視点でパーソナリティを判断する必要があるからかもしれません。

　一方、医療系や技術職（土木や機械など）の面接回数は比較的少なく、1～2回の企業が多いとされています。資格や技術が必要な職種の場合、書類選考の段階で経歴を見ればスキルを判断でき、スクリーニングが容易であるためです。

　中途採用においては、あらかじめ人材エージェントにおいて一定のスクリーニングがされていると考え、自社での面接は1回にする、というケースもあります。

　極端な例としては、近年では「面接0回」というケースも見られるようになりました。あ

る外資系 IT 物販大手企業は、システム・エンジニアの採用については「適性検査、Web 上での技術テストのみ」にしています。一度も面接などで対面することなしに、Web 上で採用活動を完結させているということです。これはシステム・エンジニアという限られた職種だからできることかもしれませんが、面接等を用いた過去の採用結果と比較すると、「面接を行っていた時代に比べ、内定者の質やその後の離職率は遜色ないか、むしろ向上している」という結果が出ています。

## One Point CHECK ❼

■問題 面接の各ステージに関連した、以下の問題を解いてみましょう。
採用選考は複数回に分けて行われるケースが多く見られますが、面接のステージの分け方について述べた以下の選択肢のうち、もっとも適切なものを1つ選んでください。

［選択肢］

1. 初期選考で行うべきことは、候補者の能力や性格のレベルチェックである
2. 面接の精度を高めるためには、評価にばらつきが出ないように、面接はできるだけ少ない回数、少ない面接担当者で実施するべきである
3. 面接の精度を高めることを目的として、どのステージでも同じような質問を行い、回答が一貫性を持っているかどうかを確認するべきである
4. 一度の選考で多くの側面を評価することは困難であるために、できるだけステージ毎に評価する側面を定めて、そこに集中して選考するべきである

正解：4 ◀

# オンライン面接と対面面接

オンライン面接は、もともとグローバル企業などで面接官と候補者が物理的に離れた場所にいる状況で用いられてきました。その意味では、一部の企業に限られた実践でした。しかし、2020年ごろから新型コロナウイルス感染症が世界的に流行した影響を受け、導入が急速に進みました。その後、たとえば、一次面接をオンラインで行い、二次面接を対面で行うなど、オンラインと対面の面接を組み合わせて行う企業が増えています。

今後もオンライン面接を用いる企業がなくなることはないでしょう。オンライン面接では面接官と候補者が同じ場所にいる必要がないため、移動の手間が省ける上に、離れた場所にいても面接を受けることができるからです。また、時間の設定もしやすいという利点があります。

## オンライン面接では非言語情報が減る

オンライン面接と対面面接の違いについて考える際、まず明確にすべきは、面接には主に2つの役割があるという点です。

1つ目の役割は、候補者の能力や性格が自社に合っているかを評価することです。自社に適した人材を採用することは、入社後の適応を左右します。このプロセスをここでは「見極め」と呼びます。もう1つの役割は、候補者の自社に対する志望度を高めることです。企業側が合格を出しても、候補者が入社を望まなければ、他社を選んでしまうかもしれません。これを「惹きつけ」と言います。

対面で行われていた面接がオンラインに移行したときに最も変わるのは、非言語情報の扱いです。非言語情報とは、その名の通り言葉以外の情報のことで、人間同士のコミュニケーションにおいて重要な役割を果たします。非言語情報には、相手の感情や意図を理解する手がかりが含まれています。

オンライン面接では、対面面接と比較して非言語情報が減少します。たとえば、視線の合わせ方が挙げられます。PCのカメラの位置と相手の目の位置が一致しないため、面接官と候補者の視線が合いにくくなります。

ボディーランゲージも伝わりにくくなります。これは、カメラの視野が限定されていることに起因します。主に胸より上の部分しか映らず、手の動きや繊細な

身振り手振りを捉えることが難しくなります。カメラの性能によっては、表情の微細な変化を把握しにくくなることもあります。また、ネットワークや音質の影響で、声のトーンやペースが正確に伝わらない場合があります。

　このように、オンライン面接では対面面接と比較して非言語情報の減少が見られ、これがオンラインと対面の違いを生み出す要因となります。

## オンライン面接は「見極め」の精度が高いこともある

　面接プロセスにおける候補者の適性評価、すなわち見極めに関して、オンラインと対面の間で生じる違いを探ります。驚くかもしれませんが、オンライン面接のほうが、対面面接に比べて見極めの精度が高いことが研究で分かっています。非言語情報が減少するにもかかわらず、なぜオンラインのほうがより適切な評価が可能なのでしょうか。

　興味深いことに、非言語情報自体が、見極めプロセスにおけるバイアスの源泉となり得るのです。対面面接では、候補者から受け取る様々な非言語情報が、面接官の頭の中に入ってきて、気づかぬうちにその情報が判断基準に影響を及ぼしてしまいます。たとえば、計画性や真面目さを重視する意図があっても、明るく社交的な候補者を好意的に評価してしまう傾向があることが研究で示されています。人の性格判断に非言語情報が関わることは知られており、これは非言語情報の影響を受けていることの一例です。

　非言語情報は、見極めの精度を下げる要因となり得ますが、面接がオンラインで行われる場合、その影響は軽減されます。結果として、オンライン面接は対面面接よりも高い精度で候補者の適性を評価できます。非言語情報が少ないことで、話の内容、つまり言語情報により集中でき、候補者の発言をしっかりと聞き取ることができるからです。

　それにもかかわらず、オンライン面接が対面面接よりも適切な評価を行えるという事実に対して懐疑的な見方をする人もいるかもしれません。これは、非言語情報が相手を理解しているという感覚を強めるからであり、ある意味で自然な反応です。対面では相手をより理解していると感じることがありますが、実のところ、非言語情報が少ない状況、すなわちオンライン面接のほうが、より高い精度で候補者の適性を見極められているのです。

## オンライン面接では「動機形成」はうまくいかない

　オンライン面接は、評価の正確さにおいては対面面接を上回る傾向にありますが、候補者の企業への志望度を高める面では、対面面接のほうが有利であることが明らかになっています。対面面接のほうが動機形成の効果が高いのです。

　オンライン面接では非言語的情報が減少し、この点が会話の質に良からぬ影響を及ぼすことがあります。特に、採用面接のような、面接官と候補者が初対面でコミュニケーションを交わす状況において、非言語情報の減少は話者の交替がスムーズに行われない原因となり、会話の流れを妨げます。これにより、候補者は自分の能力を十分に発揮できていないと感じ、面接終了後に不完全燃焼の感覚に陥ります。その結果、企業への志望度を高めるどころではなくなるのです。

　オンライン面接を通じた動機形成の問題を克服するための対策として、「構造化面接」が有効です。構造化面接とは、面接の質問項目や評価基準を事前に設計することを意味します。構造化面接は、オンライン環境においても候補者の志望度を高めることが実証されています。非言語情報の減少により会話が困難になるオンライン面接の環境下でも、構造化された面接を行うことで、候補者は自らの能力を適切に発揮し、企業への魅力を感じやすくなるのです。

　以上のように、オンライン面接は対面面接と比べて評価の精度では優れていますが、候補者の企業への志望度を引き上げる点では劣るといえます。この背景には、オンライン面接の非言語情報の減少が関係しています。

## 動画（録画）面接

　「動画（録画）面接」とは、オンライン面接の中でもリアルタイムに行うものではなく、応募者が自己アピールの様子を撮影し、作った動画を採用担当者らが視聴して選考を行う方法です。

　企業側は、作ってもらいたい動画のテーマや提出期限などを指定して応募者に伝えます。これを受けて応募者は、テーマに沿った内容で動画を撮影・作成し、期限までに動画データを提出します。

　Web説明会やWeb面接と同様、地方や海外在住者など遠方の応募者でも参加しやすいメリットがあります。また、応募者は動画を提出するまで、何度も撮り直しや内容の練り直しが可能です。与えられたテーマについてしっかり考え、企業の求める人物像を理解した上で回答できる可能性が高くなります。

## 動画（録画）面接の留意点

　動画（録画）面接にも、「Web面接」と同様にいくつか難しい問題があります。

　まず、リアルタイムで実施する面接とは異なり、双方向のやり取りができないことにより、応募者に対して追加質問ができません。そのため、リアルタイムの面接と比べて設問の設定をより具体的に行う必要があります。たとえば、「もっとも力を入れたプロジェクトについて教えてください」とだけ聞くのではなく、「できるだけ長期間にわたるもので」や「自己完結したプロジェクトではなく、チームの一員として参加したプロジェクトで」といった、エピソードの選び方などを事前に教示する必要があります。

　そしてWeb面接と同様に、応募者が撮影機器を持っていることや、それらを使いこなす技術が求められます。撮影機器は一般の人でもきれいに撮影できるように改良されてきているものの、撮影の出来は使用者の技術や慣れに左右されます。写真の研究においては、色の明度や彩度によって被写体の印象が変わることが知られており、動画でも同様の印象形成が無意識に起こるリスクがあります。採用担当者は動画の印象ではなく内容を評価するように心がけなければなりません。

　被写体となることに抵抗感のある応募者もいます。対面式の面接でも緊張のあまりうまく話せなくなってしまう人がいますが、同じようにカメラを向けられるとうまく話せなくなる人がいます。企業側としては、この点を考慮して動画を活用する必要があります。

　さらに、提出される動画は個人情報のため、扱いには細心の注意が必要になります。閲覧は最少人数にとどめ、社外への持ち出しも厳禁です。採用活動が終わればすみやかにデータを破棄しましょう。動画面接のアップロード先として動画配信サービスを応募者に指定した際、公開範囲を誤ってしまい、動画が全世界に配信された事態も過去に起こっています。インターネット上にアップロードしてもらう際は、方法に誤りがないように説明し、セキュリティをしっかりチェックしましょう。

## One Point CHECK ⓭

■問題 採用のオンライン化に関連した、以下の問題を解いてみましょう。
採用のオンライン化について書かれた以下の選択肢のうち、もっとも適切なものを
1つ選んでください。

［選択肢］

1.Web説明会の最大の長所は、参加者との双方向コミュニケーションがとれることである

2.動画面接は、事前に撮影された動画を見るため、印象形成のバイアスを避けることがで
きる

3.インターネットを介した面接は対面による面接と比較して、候補者に関する情報量が少
なくなりがちである

4.動画面接は、多数の企業を受ける傾向のある都市部の求職者にこそ効果的な手段で
ある

# 応募者と接する際の心がけ

## 面接官の対応によって変わる企業の印象

　企業側からすれば、「多数の面接官」が「多数の応募者」に対応することへの調整に意識が向かいがちです。

　しかし、応募者からすれば、「自分はたった1人の自分」であり、面接の場に出てくる何人かの担当者は「相手企業そのもの」です。応募者にとっては、面接で会った面接官の印象がそのまま企業の印象となり、面接官によって「企業の良し悪し」を判断しているともいえます。

　特に現代はインターネットの利用が一般化しています。応募者の中には、面接で受けた印象をインターネット上のSNSなどに投稿する人もいます。応募者の抱いた印象は、本人だけが持つ思い込みや誤解であることもありますが、インターネット上で投稿を閲覧する多くの人々は、同じ面接を受けているわけではないため、半ば「事実」として受け止めがちです。

　また、こうした投稿が事実でない場合に企業等が否定しても、完全に払拭することは困難です。面接官は、面接の場が密室で閉ざされた空間だとは考えず、そこでの企業の印象は社会に周知されると思い、応募者に対して真摯な対応を心がけましょう。

## リラックスした雰囲気を作る

　多くの学生は、緊張状態の中で面接に挑みます。面接官がまず行うべきことは、相手の気持ちをリラックスさせ、話しやすい雰囲気を作ることです。そうすることで、求職者が自身のことを話しやすくなるだけではなく、企業にとっても相手をより正確に見極められるようになります。

　応募者にリラックスしてもらう雰囲気づくりとして、まず表情は基本的に笑顔を心がけます。面接官は業務の一環ということもあり、真剣な表情をしてしまいがちですが、応募者がその様子を見ると緊張感を高める要因となります。なるべく笑顔で接することで面接の場の雰囲気がよくなります。

　続いて面接官が自己紹介することが挙げられます。対面している人物が誰なの

かがはっきりすれば、応募者の緊張感が和らぎます。

　さらに、応募者の言葉に対して肯定的に反応することが大切です。たとえば、応募者が話している最中に相づちを打つことで、話を続けて構わないという態度を示すことができます。また、目線や姿勢を応募者に真っすぐ向けることで、話を真摯に受け止めている印象を与えることができます。

### すべての応募者に平等に接する

　応募者は神経質になるあまり、応募者間の面接時間の長短や、面接官の態度を強く気にしてしまうことがあります。面接官は、すべての応募者に対して平等に接するよう心がけなければなりません。

　応募者が気になることとして、面接官がメモを取る行為や、手元の資料に集中している行為も挙げられます。そのような行為は、応募者に対する評価がその場で下されていると感じて、応募者が警戒感を強めるためです。メモを取ることや資料を確認することなど、一時的に応募者への目線や姿勢を動かす際は、その理由を一言断ってから行うようにすると、応募者に警戒感を抱かせないように配慮できます。

## One Point CHECK ❽

■問題 面接での心がけに関連した、以下の問題を解いてみましょう。
面接における心がけについて述べた以下の選択肢のうち、もっとも<u>不適切なもの</u>を1つ選んでください。

［選択肢］

1.近年は面接の内容がインターネットなどにより社会に周知されやすくなっており、応募者に悪い印象を持たれると企業イメージを損なうことにつながる

2.面接は緊張度の高い場になることが多いため、応募者にリラックスして臨んでもらえるような言動をとる

3.面接は会社として行うべきものなので、面接担当者は自分の名前や仕事内容などは明かさずに、1人の会社の人間として接するべきである

4.面接は会社と候補者個人間の相互評価の場であるから、面接担当者ばかり一方的に質問をするのではなく、できるだけ候補者の側からの質問を受ける時間を確保すべきである

◀ 正解：3

144

第5章
第10節
# BEI（行動評価面接）と エピソードの掘り下げ方

第5章 採用活動の実際　（2）選考

面接で重要なことは、応募者が過去に行ってきた具体的な行動などの「客観的事実」を評価することです。「どう思っているか」ではなく、「何をしてきたか」を聞きます。このような面接手法は BEI（Behavioral Event Interview = 行動評価面接）と呼ばれ、特に米国においては「採用」と「評価」の両分野で早くから研究・実践されてきましたが、日本ではまだ十分に周知されているとはいえません。

## BEI を行う際の3つのポイント

BEI では、基本的に評価したい対象者に、過去の成功体験および失敗体験を、具体的なエピソードとして語ってもらいます。その際に面接官が意識するべきポイントは「**① 意見でなく、事実を聞く**」「**② 分かりやすいエピソードを選ぶ**」「**③ ディテールを掘り下げる**」の3点です。このポイントに沿って、その体験はどのような状況であったのか、何が期待されていたのか、本人は何をやったのか、その規模感はどれくらいのものなのかなどを掘り下げて聞いていきます。

## ① 意見でなく、事実を聞く

応募者は面接に臨む際に、事前に「自己 PR（= 私はこのような人です）」と「志望動機（= 御社をこういう理由で志望しています）」について準備をしてくることが多いため、自由に話をしてもらうと、話題はこの2つに集中しがちです。

しかし、「自己 PR」や「志望動機」は、多くの場合、主観的で抽象的なものです。特に新卒採用においては、学生はまだ社会経験が少ないため、それらの情報をもとに人材を評価することはできません。

面接においては、面接官が話題を主導し、より客観的で具体的な、応募者の「過去の事実」をエピソードとして聞きます。「自己 PR」も「志望動機」も背後には何らかの事実があるはずです。解釈ではなくその事実自体を深く掘り下げ、丁寧にヒアリングします。

## ② 分かりやすいエピソードを選ぶ

どのような人でも、これまでの人生で経験した、過去のエピソードを持ってい

ます。応募者はその中から面接において、自身の判断で選択したことを話します
が、それが必ずしも面接する側にとって聞きたいことであるとは限りません。そ
れでは、どのようなエピソードを面接において聞くとよいのでしょうか。

| 分かりにくいエピソード | 分かりやすいエピソード |
|---|---|
| ●短期間での出来事 | ●長期間にわたる出来事 |
| ●好きなことについて | ●嫌なことに取り組んだ経験 |
| ●順風満帆な話 | ●苦労した話 |
| ●1人で頑張ったこと | ●人と関わって頑張ったこと |

　まず、短期間のエピソードよりも、長期間のエピソードを聞くべきです。短期間
で行われたことは、その人の身についているものかどうかが分かりません。長期間
にわたって習慣づけられたものこそが、再現性のあるその人の特性だといえます。
　好きなことについての話も注意が必要です。自身が好きなことについては、自
然と頑張ろうとするものだからです。しかし、そこでの頑張りが、「好きではな
いもの」でも再現できるかどうかは判断できません。
　さらに、「1人で行ったこと」よりも「人と関わりながら行ったこと」のほうが、
応募者の人となりを、より深く理解することができます。また、順風満帆なエピ
ソードよりも、苦労したエピソードのほうが多くのことが伝わります。順風満帆
な状況は「単に幸運の産物」であることもあり、成果を生み出すのに、その人が
どの部分にどれだけ貢献したのかを把握しにくい場合があります。一方で、何ら
かの壁にぶつかったり、トラブルを乗り越えたりした話であれば、その人の力が
発揮された状況の情報を得ることができます。

### 詳細な情報を掘り下げる

　エピソードは、「役割」「程度」「動機」の3つの方向から深く掘り下げて、最
終的な評価に必要な詳細情報を収集します。
　「役割」とは、そのエピソードにおける「舞台環境」がどのようなものであり、
その中でその人はどのような役割を担っていたかに関することです。どのような
人と一緒に行ったことなのか、どのような風土・文化のチームや組織であったの
か、指揮命令系統(上司・部下・同僚等との関係性)はどのようになっていたの
か、業務分担や目標はどのようなものであったのか、状況は有利であったのか不

利であったのかなどのポイントを最初に押さえておきます。

「程度」とは、その人が行ったことについてのレベル、あるいは「難易度」や「希少性」のことです。これを押さえる基本は、できる限り数字に変換することです。

「動機」とは、そのエピソード内でとった行動のエネルギー源、やる気の源は何であったのかということです。高い成果を上げるには、裏づけとなるエネルギーが必要です。それが何から来ているのかを知ることによって、自社の仕事においても同様に成果を上げるべく頑張ってもらえるのかを検討する材料になります。

## 威圧感を与える聞き方は厳禁

応募者の話を掘り下げる際には、それが威圧的な態度にならないように気をつけなければなりません。面接官が何度も「なぜ？」「どれくらい？」と聞くことによって、応募者が不快感を覚えるようになります。また、応募者の話すエピソードを聞く際に、「それは違う」「（面接官は）こう考える」という否定的な発言で話をさえぎるような態度も同様です。こうした不快感は、応募者の動機形成や企業に対する印象に悪影響を及ぼします。

不快感を与えない程度にうまく質問することは、面接の経験を重ねる必要性もありますが、「応募者と接する際の心がけ（➡ P.143）」を忘れないことが大切です。深く掘り下げる質問をする際は、エピソードに関心を示す態度を取り、応募者が話しやすい雰囲気を醸成しましょう。

---

### コラム　　　人材のタイプと見極めの注意点

この章では人材を見極める際のポイントについて解説してきました。見極めのおさらいとして、評価が難しくなりやすい人材のタイプについて確認しましょう。

#### ① インプットに専念していた人

勉強（インプット）に専念していて、部活動やサークル活動、アルバイトなどには消極的で実績（アウトプット）が少なかった人がいます。

実績に乏しいことで評価を低くされやすいタイプですが、面接で見るべきはその人の「ポテンシャル」であり、すでに顕在化されたアウトプットだけに注目するものではありません。

#### ② あがり症の人

実際には能力やポテンシャルがあるのに、あがり症のために面接で自分をうまく表現できない人もいます。しかし、そもそも面接は特殊な環境であり、緊張することは

珍しいことではありません（➡ P.133）。こちらから世間話などを振って、空気を和らげましょう。

### ③ 謙虚な人

　日本では、「謙遜」が美徳とされる部分があります。それが就活の場面になっていきなり「自分の長所を述べてください」などと言われ、戸惑うのも無理はありません。謙虚な自己表現を好む応募者に対しては、その内側に持っている良さを面接官が引き出します。そのためには、「たぶんここが本質だな」と思えるような部分について、エピソードをこちらから根掘り葉掘り聞くことです。

### ④ 率直な人

　多くの応募者は面接を「自己PRの場」と捉えているために、なるべく自身を良く見せようとします。そういう中で、正直な人がいると逆に目立ってしまいます。このような応募者には、個別具体的な「やってきたこと」や「客観的事実」を聞きましょう。

### ⑤ バランスの取れた人

　さまざまな面においてバランスの取れた人は、全体的に優れているので特徴が目立たず、かえって「目立って良いところがない」と判断されてしまうおそれがあります。このタイプには、「やってきたことの『レベル』」を努めて聞くようにしましょう。具体的には、過去の行動を定量化することで、その行為の「難易度」を測ります。

## One Point CHECK ❾

■問題 BEIに関連した、以下の問題を解いてみましょう。

BEI（Behavioral Event Interview:行動評価面接）について述べた以下の選択肢のうち、もっとも適切なものを1つ選んでください。

［選択肢］

1. 入社後に担当することになる仕事を実際に実行してもらい、その結果で評価をする面接である

2. ある特定のケースを想定して、その際にどのような行動を取ろうと考えているかを回答してもらい、評価をする面接である

3. これまでの経験の中で、一番成果をあげた出来事について話してもらい、その成果のレベルを確かめる面接である

4. 過去のある場面における実際に取った行動を詳細に聞き取り、そこから得た情報からその候補者のパーソナリティや能力、志向などを推測する面接である

◀ 正解：4

# 採用でのAI活用

## 採用領域における AI の活用

AI の進化は目覚ましいものがあり、一部では人の仕事を奪うのではないかという懸念が表明されています。この懸念が即座に実現することは考えにくいのですが、少しずつ着実に AI 活用が進んでいるのは事実です。採用も例外ではありません。

たとえば、求職者が提出した書類を分析し、自社の要件に合っているかどうかを評価する AI があります。書類の確認は作業負担が多いのですが、AI を用いればこの負担を軽減でき、より迅速に自社に合った求職者を見つけ出すことができます。

オンライン面接に AI を搭載するケースも見られます。そこにおいては、求職者が話す内容や非言語情報を収集し、その人の性格や能力などを推測します。面接官の判断に加えて、AI による評価を補完的に用いる企業も出てきています。

求職者とのコミュニケーションに AI を用いる方法も提案されています。AI を搭載したチャットボットを選考プロセスに導入し、求職者からの一般的な質問に 24 時間体制で回答することで、求職者の選考体験を高めることにつながります。

さらに、採用管理システムに記録されたデータを分析する際に AI を活用することもあります。採用に関わるデータを分析することで、うまくいっている箇所とそうではない箇所を選別し、採用活動の改善が可能になります。

## AI は偏見のある判断をし得る

採用プロセスにおいて、主に行われるべき機能は 2 つあります。1 つ目は、求職者の適性を評価する「見極め」であり、もう 1 つは、求職者の志望度を高める「動機形成」です。このうち、AI は特に「見極め」の機能を助ける形で進展していると言えます。

興味深いのは、AI が人間よりも公平で偏見が少なく、差別的な判断をしにくいと多くの人が認識していることです。この点は研究によって報告されているの

ですが、重要なのは、実際に偏見が少ないかどうかではなく、人々がAIをそのように捉えているという事実です。人はAIに対して、偏見に基づく行動を取る動機が少ないと感じ、客観性が高いと考えます。

しかし、これは本当に正しいのでしょうか。AIの活用が広がる中、AIが場合によってはマイノリティに不利な判断を下す、あるいは差別的な評価を行う可能性が指摘されています。たとえば、あるIT企業が開発したAIを採用プロセスに用いたケースでは、男性を女性より高く評価する傾向が見られました。これは、教師データにコンピュータサイエンスを専攻する女性が少なかったことが原因とされています。

その企業は適切に対応し、その後AIの使用を停止しましたが、このような問題を認識せずにAIを使用し続ける企業が存在する可能性があります。AIを採用プロセスに用いる際には、どのようなデータを学習に用いているか、つまりインプットの質に注意を払う必要があります。私たちが一般にAIを公平な判断をするものと信じる傾向があるため、特に注意が必要です。

## 人間は「AI効果」で、人間らしさを重視する

AIは、採用業務に限らず、様々な領域に浸透しています。AIの進展に伴い、人は人間らしさに対する関心を高めていることが指摘されています。これは「AI効果」と呼ばれるもので、AIの進歩に触れた人が、人間だけが持つとされる特性の重要性をより強く感じるようになる現象です。

「AI効果」を理解するために、関連研究では、「人間とAIが共に持つとされる特性」と、「人間だけが持つとされる特性」を区別しています。前者には計算能力や言語使用、未来予測などが含まれ、後者には文化や信念、ユーモアの理解、道徳観などが含まれます。AIの能力が人間より際立つほど、人々は後者の、人間だけに見られるとされる特性を重視するようになります（ちなみに前者の特性に対する評価は変わりません）。つまり、人間らしさを特別視する傾向が強くなるのです。

AI効果が発生するメカニズムには、人の自尊心が関わっていると考えられています。AIの進歩に触れると、私たちは自尊心が脅かされ、それを回復しようと自分たちのユニークな価値を認識し、「私たちにはAIにはない良さがある」とより肯定的に捉えるようになります。

AI効果は、現在の採用プロセスにおけるAIの活用を考える上で参考になり

ます。AIは公平な判断能力を持つと考えられているため、見極めに活用することに違和感は抱きません。その一方で動機形成は感情という人間らしさを伴うものであり、AIの進歩を耳にするたびに、「動機形成は人間にしかできない仕事だ」という認識が強まっているのかもしれません。

## AIの失敗を一般化しない

　AIが従来の情報技術と異なる点の1つは、学習する能力です。学習するということは、そのプロセスで間違いをおかす可能性があることを意味します。AIは最初から常に正確な結果を提供するわけではなく、失敗を積み重ねながら精度を高めていきます。このAIによる失敗に対して、人々はどう反応するのでしょうか。

　これに対してアプローチした研究では、特定のAIが失敗した場合、多くの人が「他のAIも失敗するだろう」と考えることが分かっています。これを「アルゴリズム転移」といいます。私たちは他の人が失敗するときよりAIが失敗するときのほうが強い印象を抱き、その結果を他のAIにも適用する傾向があります。

　私たちが特定のAIの失敗を見ただけで「他のAIもダメだ」と判断するのは、AIを似たものとして半ば同一視しているからです。しかし、実際にはAIとひと口に言っても、様々な性質や能力を持つものが存在します。このようにAIの多様性を認識すれば、アルゴリズム転移は弱まることが実証されています。

　採用を含め、様々な業務におけるAIの活用が始まっていますが、AIは失敗し得るものです。失敗を見て「AIは使えない」と判断するのは、アルゴリズム転移に陥っていることに他なりません。うまくいかないことを前提に、AIには様々な特徴を持つものがあることを理解した上でAI活用を進めていく必要があります。

## AIを積極的に活用し、試行錯誤してもらうには

　AIは偏見を含む判断をする可能性があるため、その運用には慎重さが求められます。これは特に、求職者に具体的な影響を及ぼすような活用の場合に当てはまります。しかしそれ以外の場合、私たちはAIを積極的に使用し、AI活用に関する試行錯誤を通じて学習を積み重ねる必要があります。

　とはいえ、AIのような新しいテクノロジーに対して、肯定的な態度を持つ方ばかりではないでしょう。不安や恐れを感じる人もおり、その結果、テクノロジー

の使用をためらうことがあります。AIを恐れると、その信頼性を疑問視し、結果的に使用しなくなる可能性があります。

　どのような人がAIを肯定的に受け入れ、活用するかというと、知的謙虚さが高い人であることが分かっています。知的謙虚さとは、自己の知識や考えに誤りがあることを認め、新しい情報を柔軟に受け入れる姿勢を指します。知的謙虚さを持つ人は新しい経験に対して開放的であり、AIの受容に導かれやすいのです。採用プロセスでAIの活用を進める上で、知的謙虚さが高い人材をアサインし、試行錯誤を進めてもらうことが有効です。AI活用の知見が蓄積されれば、自社に適したより良い使い方ができるようになるでしょう。

第**6**章

# 採用活動の実際
## （3）動機形成

第**1**節　「志望動機」の取り扱い

第**2**節　応募者の優先順位づけ

第**3**節　内定者のフォロートーク・意思決定支援

第**4**節　内定者に対する教育

第**5**節　内定者イベントの企画・実施

第**6**節　オンボーディングとその対応

# 「志望動機」の取り扱い

## なぜ「志望動機」を聞くのか？

　本書では折に触れ、採用初期に「志望動機」によって採否を判断することは問題だと述べてきました。応募する段階の求職者は、企業（特に一般的な知名度の低い企業）をよく知らないことのほうが多く、その状態で「志望動機」を尋ねても、見極めに有効な回答は得られません。

　しかし現状では、今でも多くの企業が採用活動時の判断材料として「志望動機」に重点を置いています。

　企業が「志望動機」を重視する主な理由としては、次の2つが考えられます。

### ① 入社後に会社になじみやすいと考えられている

　1つは、「志望動機」がしっかりしている人は、入社後の企業になじみやすい傾向にあると考えられていることです。入社前の期待と入社後の現実が異なることは誰にでも起こり得ます（➡P.69 リアリティ・ショック）が、「志望動機」が高かった人は、それでも離職せずに企業にとどまろうとすると考えられているためです。

> ➡採用時に社内の実態を伝えたり、若手社員を対象とした定着施策を講じたりするほうが本質的な対策（➡P.86 RJP）です。

### ② 「御社に入社したい」といってほしい

　応募者に自社への入社意欲を強くアピールされると、採用に関わる人は感情的に自尊心をくすぐられます。エントリーや面接などで、事あるごとに「志望動機」を聞いてしまうのは、それを聞いて安心感を得たいからと考えられます。

> ➡採用は、企業の将来を任せられる人材を探すために行います。一方で応募者側も、社会人として自身の将来を預けられる企業を探しています。「志望動機」は、選考プロセスを通じて応募者が形成していきます。企業側には、応募者の「志望動機」の形成を手助けする働きかけが求められます。

## 「志望動機」の形成を応募者任せにしていないか

　「よい志望動機を評価する」を裏返すと、「志望動機を上手に話せないなら、その人は評価しない」ということになります。この背景には、志望動機の形成を「応募者任せ」にしている心理がうかがえます。

　たとえば、購買動機（商品を買おうという気持ち）が実際に商品を買うまで上がりきっていない人は、自社にとって不適格な顧客でしょうか。「購買動機が上がらないのは顧客側だけの問題ではなく、商品を売る側（自社）の工夫が足りないからだ」と考えるほうが自然でしょう。

　採用でも同様に、「志望動機」を説明できない人は不合格であると切り捨てず、「どうすれば志望動機を持ってもらえるか」を考えるべきです。

　応募者は就職活動を通じて、希望に合う企業を選び取り、時間をかけて企業への志望動機を具体化していきます。採用担当者は、「一緒に働きたい」という気持ちを育てていくことが求められています。

## 「自己開示」で信頼関係を築く

　採用担当者を含む採用に関わる人々が、応募者の「志望動機」をともに形成するためには、信頼関係が不可欠です。採用活動中の限られた時間や機会で信頼関係を築いていくことは容易ではありませんが、採用に関わる人々のほうから自身の立場や経験、価値観や志向について応募者に伝えることで（自己開示）、関係の構築を早めることが可能です（➡ P.143 リラックスした雰囲気を作る）。応募者のニーズやパーソナリティと合った人が「志望動機」形成に関与すると、より効果的です（➡ P.120 面接官の選び方）。

# 応募者の優先順位づけ

## 採用には相対的評価が不可欠

「人を見極めること」は、人事・採用担当者達にとっての最重要事項の1つですが、経験の豊富な面接官であっても、目の前の応募者について「自社の内定に値するかどうか」を即断することは難しいものです。

ある応募者と自社の求める人材像との合致度を測るには、比較対象が必要です。あらかじめ「具体的な誰か」をベンチマークとし、その人と応募者を比較することで、「相対的な判断」を行えるようにします。

## 比較対象になるベンチマークとする人

ベンチマークとする「具体的な誰か」は、現在、自社に在籍している社員が適しています。できれば、人事担当者が全員よく知っている人物が望ましいでしょう。

ただし、新卒採用はポテンシャル採用ですので、すでに功績を成した中堅以上の社員よりは、1〜3年目あたりの若手社員のほうがベンチマークに適しています。もし中堅社員をベンチマークとするのであれば、現在の状態ではなく、彼らが学生や新入社員の頃はどうであったかについてヒアリングするなどして確認する必要があります。

今まさに選考対象となっている応募者の中から、ベンチマークを設定することも考えられます。最終面接では、「ある応募者がボーダーライン」などの情報を担当者内で共有しておくと、判断のブレを最小限に抑えることができます。

## 最終面接官は数を絞ってブレを少なくする

最終面接の担当者は少数に絞ることをお勧めします。面接官を多くしてしまうと、判断基準について共有しているとはいえ、全体としてブレが生じやすくなり、自社に適した層から順番に採用することができなくなるおそれがあります。最終面接を任される経営者や役員は他の業務も多く、採用活動に注力してもらうことは難しいかもしれませんが、可能な限り担当してもらい、最終面接を特定の少数

で行うべきです。

　大量採用をしているなど、最終面接を大勢の役員等で分担せざるをえない状況であれば、その直前、つまり最終面接の1つ前の面接で一定人数以上の応募者に集中して会う面接官を置き、その時点で相対的評価をつけて、その情報を付加した上で最終面接官に判断を仰ぐという方法があります。相対的評価に関する情報を面接前に提供すると、面接官に不要な先入観を与えるおそれがあるため、面接後に評価を行う際に提供するようにしましょう。

### 「より自社に適した層」から順に採用するには

　採用活動で何人採用するかについては、組織人事戦略を考慮しながら、あらかじめ採用戦略で決めています（➡ P.36 採用における「戦略」とは）。自社への適合度などからみた「優秀さ（➡ P.23）」によって応募者に採用の優先順位をつけ、採用予定人数を上位から採用することが基本的な考えです。しかしここでいくつか検討すべき点があります。

　まず、一定基準に満たない応募者であれば絶対的評価で採用を見送る可能性が出てくるということです。採用における相対的評価は、あくまで候補者群から選抜を経た応募者たちの中で行われますが、初期・中期選考では見極めに迷う応募者を次の選考に進めるという措置を取っています（➡ P.136）。最終選考の見極めで一定基準に満たないものの、順位で採用の範囲に入った応募者がいた場合、決められた人数に満たなくても絶対的評価で採用を見送るか、人数達成を優先して相対的評価で採用とするかは、各採用担当者の判断に委ねられます。

　続いて検討しなければならないのは、応募者による内定「辞退」の可能性です。応募者が内定を辞退すると、採用の優先順位に従って次の応募者に内定を発令するか否かという問題が出てきます。補欠として順位が繰り上がった応募者は、辞退した応募者より下位の「優秀さ」であり、現時点では辞退者をしのぐ人材ではないためです。上記の一定基準に満たない応募者である可能性も増します。さらなる内定辞退や、入社後の退職リスクが高まることも考えられます。

### 時期の異なる問題への対応

　相対的評価の問題点として、特に新卒採用で起こりやすいのが、時期の異なる応募者間では比較ができないということです。

　たとえば、採用活動の開始直後に応募した学生は、その分早く最終選考に臨む

ことになりますが、その後に応募してきた応募者がまだ初期選考の段階であれば、早く最終選考に進んだ応募者を「まだ見ぬ後期の応募者」と比較して判断することができません。その場合、初期の学生の中だけで相対的評価を行い、採否を判断しなければなりません。

この問題に対応するために知っておいたほうがよいことがあります。それは、「新卒・中途を問わず、ほとんどの採用において、採用活動の初期の応募者のほうが、内定が出る確率が高い」という経験則です。

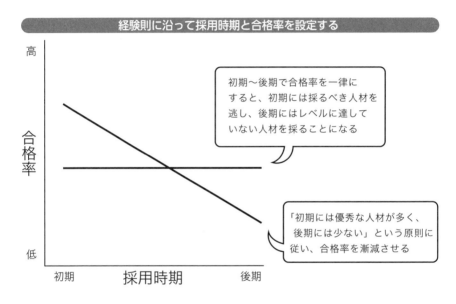

**経験則に沿って採用時期と合格率を設定する**

初期～後期で合格率を一律にすると、初期には採るべき人材を逃し、後期にはレベルに達していない人材を採ることになる

「初期には優秀な人材が多く、後期には少ない」という原則に従い、合格率を漸減させる

たとえば、選考期間全体を通じての面接の合格率を 40% と設定した場合、どの面接でも合格率を一律に 40% とすべきではなく、初期は 60%、中期で 40%、後期で 20% というように合格率を減少させていったほうが、全体として求める人材を採ることができる可能性が高まります。

---

### コラム　「求める層」から順に採用するためのTIPS

能力も高く、自社にもフィットしているとみなした人材に、優先順位をつけて接触していくための、効率的なテクニックがあります。

見込みのある人材、来て欲しい人材には、「電話で」「直近の日程を」示し、面会することです。

インターネットを使った就職活動が一般化して以降、面談の予約は学生側が就活ネットサービスのカレンダー画面を開き、希望する日時が空いていればクリックする、という形が一般的

になっています。これでは主導権は応募者側にあり、企業は応募を待つだけということになります。

　強く採りたいと思う相手に対しては直近の日程を示し、それに準じる層に対してはやや余裕を持った日時を提示すると、自社にとって望ましい面談スケジュールができあがっていきます。

## One Point CHECK ❿

**■問題 選考の合格率に関連した、以下の問題を解いてみましょう。**

選考などにおける合格率について述べた以下の選択肢のうち、もっとも適切なものを1つ選んでください。

［選択肢］

1. 合格率とは、面接を受験した人のうち、次の選考に進んで欲しいと企業側が決めた人の割合を指し、次の選考を辞退したとしてもその計算に含める

2. 最終面接などを担当する役職者の労力を軽減するために、できるだけ初期選考では厳しく評価して合格率を低く抑えるべきである

3. 新卒採用でも中途採用でも、面接の合格率は平均して30%程度であることが分かっているため、それを基準として、面接の合格率を日々調整していくべきである

4. 人材紹介会社などから紹介された応募者を書類選考する場合、紹介の時点で人材紹介会社がある程度スクリーニングしているが、さらに自社でも紹介会社以上に厳しい選考を行って絞るべきである

正解：1 ◀

# 内定者へのフォロートーク・意思決定支援

　企業としては内定を出してもよい段階になってからも、慎重に行わなければないことがあります。それは「内定ブルー」の内定者へのフォローや、入社意思が固まっていない内定者に対する後押しです。「内定ブルー」とは、内定を受諾して就職活動に区切りがついた学生が、内定受諾の判断や入社後の自身に不安や迷いを覚えている状態を表す言葉です。入社意欲を十分に高めていたはずの内定者が揺らいでいる状態と言えます。

## 相手の関心に合わせて必要な情報を提供する

　内定出しをする前に、改めて自社について知らないことや不安に思うことなどを応募者に尋ね、解決します。その際に確認すべきことは、以下のポイントです。

### ① やる気の源泉（モチベーションリソース）

　楽しくやりがいのある仕事であっても、目標を達成するまでに障壁はいくつもあります。日々の仕事において、応募者のやる気の源泉となるエネルギー源が何になるかを押さえておく必要があります。応募者がやる気になる何かを、自社がどのような形で提供できるかを伝えなくてはなりません。

　「やる気の源泉（モチベーションリソース）」を分類する考え方にはさまざまなものが存在しますが、ここでは例として**「組織型」「仕事型」「職場型」「生活型」**という4分類を挙げます。

　**「組織型」**とは、所属する組織の社会的地位や知名度、組織内での自分の地位、組織の成長などからやる気をおこすタイプです。自社の社会的認知を示すようなパブリシティ（新聞や雑誌、Web上の記事や書籍等）や、表彰（ランキング等）を示したりするとよいでしょう。

　**「仕事型」**とは、日々行う仕事の面白さや、自分がその仕事で能力を発揮できそうかによって、やる気が左右されるタイプです。このタイプには、仕事で使われている企画書を見せたり、インターンシップで仕事を体験させたりすることで意欲を高めます。

　**「職場型」**とは、職場の雰囲気や仲間との相性によって、やる気が高まるタイ

プです。このタイプは、その人に合いそうな社員を会わせることが効果的です。企業の行事・イベントなどに呼ぶこともプラスに働きます。

「生活型」とは、自分の生活がどのように良くなっていくかで、やる気が左右されるタイプです。報酬水準やワークライフバランスなどでPRできるところがあれば伝えます。

## ② キャリア志向

「キャリア志向」とは、社会人になってからのキャリアにおいて、どのようなことを重視したいかという志向を指します。①の「やる気の源泉」が短期的なエネルギー源だとすれば、キャリア志向は長期間にわたるエネルギー源です。

ふとした節目で振り返った時に、「自分のキャリアはこれでよい」と心から感じられるかどうかは重要です。キャリア志向から見て職務にフィット感がない場合、退職や転職につながりかねません。

## ③ 自社に対するフック

フックとは、応募者が自社を選んでくれる理由です。きちんとその理由(=フック)を聞いておかないと、後の内定辞退につながりかねません。

なぜなら、フック自体が誤解である可能性があるためです。自社が本当は持っていないものに魅力を感じ、入社を決意したとすれば、後日事実が分かった時点で辞退されます。事前に分かっていれば、誤解を解いた上で、違うフックで入社を再度決意してもらうこともできます。

フックをきちんと聞いておくことの意義があります。他人の言葉ではなく、本人が自分の言葉で述べた「入社の決意」は重要です。人は自分が言ったことについては、きちんと守ろうとする傾向があります。「自分で決めた」という思いは、その決意自体を大事にしようという要因にもなります。

## ④ 自社に対するネック

ネックとは、「自社についての不安要素」を指します。ネガティブなことは聞き出すことが困難ですが、それでもネックを引き出せなければ、理由が分からないままで去られてしまいます。「フラットに相談できる信頼関係」を築いた上で、折に触れ、「入社することについて気がかりなことはないか」を聞き出せるようにしておきます。

ネックを引き出すことができれば、それを解消します。その際、ネックが相手の単なる誤解であっても、即座に頭から否定してはいけません。まずは相手の誤解を受容することが重要です。その上で、具体的な事実にもとづいてゆっくり誤解を解きます。

　場合によっては、ネックが誤解ではなく事実であることもあるでしょう。そのような場合、肯定するしかありません。しかし、そのネックを解消する動きがありうるのであれば、そのことを「目標」として語ります。採用は、お互いの未来を見つめてフィットするかを確かめ合う作業で、今の時点で問題点があっても、お互いの可能性を信じて契約するものです。採用担当者がネックの解消について応募者に語れるようになるには、日頃から自社の課題や解決方法を考えておく必要があります。


## ⑤ 強く影響を受けている人

　職業選択は、個人の人生だけの問題でなく、その人を取り巻く人々から関心を持たれています。入社決定の際には、応募者はほとんどの場合、自分が強く影響を受けている人（親類、恩師、友人、恋人等）に相談します。

　採用担当者は、率直に「就職について、誰に相談しているか」、「その人からどのようなアドバイスを受けているか」を聞き、「影響のある人物」の持つ志向を知っておきましょう。

　たとえば、本人は「仕事型」のモチベーションリソースであったとしても、「影響ある人物」が「組織型」であった場合、自社の掲載されているパブリシティのクリッピングや書籍等の資料を渡しておくことが重要です。そうすれば間接的に「影響ある人物」をフォローすることができます。


## ⑥意思決定スタイル

　何らかの大きな意思決定をする場合、そのスタイルは人によって異なります。この意思決定スタイルは、たとえば、集める情報量が多いか少ないか、スピーディーに決断するか、あるいはゆっくり時間をかけて決断するかの分類軸から見ることができます。

　この分類軸に沿って、内定候補者を4つのグループに分けたものが次頁の図になります。

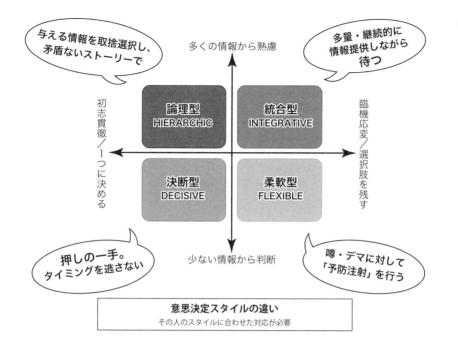

与える情報を取捨選択し、矛盾ないストーリーで

多量・継続的に情報提供しながら待つ

多くの情報から熟慮

初志貫徹／1つに決める

論理型 HIERARCHIC

統合型 INTEGRATIVE

臨機応変／選択肢を残す

決断型 DECISIVE

柔軟型 FLEXIBLE

押しの一手。タイミングを逃さない

噂・デマに対して「予防注射」を行う

少ない情報から判断

**意思決定スタイルの違い**
その人のスタイルに合わせた対応が必要

　左上の**「論理型」**は、「多くの情報を得た上で理論的に分析して1つの答えを出す」タイプです。このタイプには、見せたい情報を考え抜いて、相手にとって矛盾のないストーリーを作れるよう、準備してから提示していくことが大切です。

　右上の**「統合型」**は、いろいろ情報を集めて考えるのですが、さまざまな可能性を吟味するので、なかなか意思決定を下しません。このタイプに対しては、「待つこと」が必要です。様子を見ながらも放置することなく、継続的につながりを持って、自社の情報を伝えつつ、相手の決定を待ちます。

　左下の**「決断型」**は、与えられた情報が少なくても「パッと見てパッと決める」タイプです。自社に興味を持ってくれたなら、あとは押しの一手です。対面や電話など、こちらの熱意をより感じさせられるような方法を使います。

　最後に、右下の**「柔軟型」**は少しの情報しか集めないのに、いろいろ考えてしまいがちのタイプです。このタイプには、先回りして自社の悪い情報も伝えておく（➡ P.86 RJP）のがコツです。

　このように意思決定スタイルをみて意思決定への働きかけを変えることが必要です。

# 内定者に対する教育

## 内定者研修を行う目的と内容

　内定を受諾した人材に対しては、入社してからの導入研修だけでなく、入社前に内定者研修を行うことがありますが、そこには以下のような目的があります。

### ① 業務に必要なスキルを身につけ、戦力化を促す

　内定者を育成することは、入社後の業務や職場への適応に対して自信を持ってもらうことに加え、新入社員を受け入れる現場の OJT（On-the-Job Training、仕事をしながら行う教育）などの教育負担を減らすという意味でも有効です。内定期間を利用し、業務で必要となるスキルを事前に習得してもらうことで、職場で活躍するための土台を作ることができます。

### ② 内定者の不安や悩みを解消する

　内定を受諾した後も、不安や迷いを抱える「内定ブルー」に陥る人は少なくありません（➡ P.160）。とりわけ新卒採用においては、社会人として働くイメージが十分ではないため、うまく企業に馴染めるか不安を感じてしまいます。

　内定者研修は、内定者の抱える不安を払拭するための機会となります。研修を通じて、内定者同士の相互理解を深めることによって、どのような人と一緒に、どのような場所で働くのかが、より具体的に分かることで、不安を取り除くことができます。

### ③ 内定者同士のネットワークを築く

　内定者研修の中には、内定者同士での交流を深めることを主目的としているものも多くあります。内定者同士は、お互い入社すれば「同期」の間柄となります。同期という立場は、組織図上のつながりではない人間関係であり、互いに支え合ったり、部門横断的に仕事をしたりと、企業が思ってもみなかった成果を生み出すことがあります。

## 内定者研修の時期との関係

　内定者研修が始まる時期は、基本的にはすべての内定者が揃ってからになります。そうでなければ、後から入ってきた内定者は、それまでの研修を受けることができず、内定者の中で不公平が生じてしまいます。内定式（➡ P.166）の実施以降から入社までの期間が、内定者研修の時期と考えてよいでしょう。

　内定者研修の前半は、まず「入社意思をきちんと固める」ことを目的にしたほうがよいでしょう。入社意思が固まりきっていないのにもかかわらず、厳しい内定者教育を施してしまうと、内定者の気持ちが離れていき辞退につながることもあるからです。入社意思が固まりきってから、徐々に即戦力として活躍してもらうための教育のコンテンツを導入していきます。

　内定者研修の後半は、入社後のギャップを防ぐために、研修前半よりも仕事や職場に関するリアルな情報を提供していくべきでしょう。そうすることでリアリティ・ショック（➡ P.69）が少なくなり、定着の成功につながります。

### コラム　学生の内定期間

　新卒採用の学生に対し、内定式以降の時期に内定者教育の一環として、学生を頻繁に呼び出したり、研修そのものを OJT や内定者アルバイトなどの形で実施している企業もあります。しかし、学生の本分は学業です。それを阻害するほどの期間や頻度の研修には、批判の声が上がっています。企業としても、内定者アルバイトで時間を拘束したばかりに単位が足りなくなった、卒業論文が書けなかったなどの理由で内定者が大学を卒業できず、予定通り入社できなくなってしまっては本末転倒です。

# 内定者イベントの企画・実施

内定者研修とは別に、内定者向けのイベントを開催する際には、内定者同士あるいは内定者と先輩社員間の関係性に配慮する必要があります。内容もさることながら、そこでどのような人と関わるかがイベントの効果に影響を与えるからです。あらかじめ参加者の構成や配置に工夫を行うことで、円滑で快適な場とするように心がけます。

## 内定者イベントの席次に配慮する

主に新卒採用において、内定を発令する日や内定期間中に、内定者を集めた「内定式」を行う場合があります。また、内定期間中に社員との交流、内定者同士の交流を深める場としての懇親会や、入社前の教育として研修会を行うこともあります。こうした種々のイベントにおいて、席次やグルーピングに配慮することで、関係構築や入社後の交流がスムーズになるなどの効果が期待できます。

---

### コラム　　　　効果的なグルーピングの例

右は、採用イベントや懇親会などで効果のあるグルーピングの例です。

まず対人求心力のある人を中心に置きます。対人求心力のある人とは、話の面白い人、リーダーシップのある人など、人を惹きつける才能を持った人たちのことです。次に、自社のファンやロイヤリティが高い、対人影響力の強い人を置きます。

対人的魅力のある人
リーダーシップのある人

自社へのロイヤリティの高い人
他人への影響力の強い人

共通項のある人たちをグループにする

その2人のまわりに、それら中心人物と「同質の」人々を配置します。「同質」の意味はさまざまで、出身校や性格、趣味など、あらゆる要素が考えられます。

このように配置すると、もともと何らかの共通点を持った「同質の」人たちであり、また中心に「対人求心力のある人」がいるので、グループ内で親近感を覚えやすく絆を深めやすくなります。そこに「自社へのロイヤリティが高く、影響力を持つ人」が入って、自社のよさをグループ内に伝えてくれます。

# オンボーディングとその対応

　実際に新しい会社、組織に入社してもらったら、その人に、組織に適応してもらわなければなりません。うまく組織になじめないと、早期離職にもつながりかねません。

　この入社後の適応プロセスは「オンボーディング」と呼ばれています。オンボーディングは学術的には「組織社会化」とも言われます。

## オンボーディングを促す方法

　オンボーディングは、周囲の人と仲良くなることから始まり、その組織のルールのもとで振る舞えるようになって、最終的に組織の価値観を内在化するという流れで進みます。ここで重要なのは、いきなりマインドチェンジから始まるのではなく、最初は周囲と仲良くなることから始まる点です。

　オンボーディングを促す方法は大きく2種類あります。1つは、企業から新しいメンバーへの働きかけである「社会化戦術」です。体系的な働きかけが有効であり、たとえば、適応にどのぐらいの期間がかかるかを検討し、計画的に支援を行うとよいでしょう。メンターを付けるのも効果的です。

　もう1つの対策は、新しいメンバー自身の行動です。これは「プロアクティブ行動」と称され、周囲の人に積極的に質問したり、関係構築の努力をしたり、仕事の調整を依頼したりするなど、積極的で先んじた行動が求められます。

　2020年のコロナ禍以降、オンラインでのオンボーディングが増えました。オンラインでも信頼関係を築くことは不可能ではありませんが、時間がかかることが分かっています。そのため、オンラインでのオンボーディングは過酷なものになりがちです。

　特に、最初の一歩である、周囲と仲良くなるところの支援を充実させることが不可欠です。たとえば、チームビルディングやランチを一緒に取るなどの取り組みが考えられます。必要に応じて、最初は対面で会うのも1つの手です。1回でも直接会うことで、関係がスムーズに作れるようになります。

# MEMO

# 第7章

## その他の人事領域

第1節  要員計画と採用計画
第2節  人事の基本機能
第3節  採用と育成の連動・新入社員定着の手法
第4節  配置の考え方
第5節  リスキリング
第6節  採用と退出

# 要員計画と採用計画

第7章では、「人事」という職務全体を捉え、その中で採用がどのような位置づけにあるのか、他の要素は採用にどのように関わっているのかを考えます。

## 「要員計画」「採用計画」とは

「要員（必要人員の略）計画」とは、企業が事業計画を進めるにあたり、一定期間に必要な人員の確保、社内での配置転換などを計画することをいいます。必要な人材の「量」だけではなく、どのような人材が必要かという「質」の要素も考慮され、短期・中期・長期それぞれの経営計画と連動して策定されます。

「要員計画」は、主に経営層の主導によって策定されることが多いのですが、人事・採用担当者も積極的に参加したいところです。なぜなら、「要員計画」を構成する大きな要素として「採用計画」があり、それは人事が行うものだからです。両者は同じものだと思われることもありますが、「採用計画」は「要員計画」を実現するために必要なものの１つで、「育成計画」や「配置計画」「代謝計画」などとともに「要員計画」を構成しています。端的に言えば、社内で育成を行ったり、配置換えをしたりすることで、要員が満たされない部分について「採用計画」で補完することになります。

| 「要員計画」を構成する主な要素 |
| --- |
| ●採用＝外部から必要な人員を獲得する |
| ●育成＝自社人員の能力・スキルを開発する |
| ●配置＝自社人員の勤務地や仕事内容を転換する |
| ●外部委託＝要員の一部または全部を外部に委託する |

## 要員計画の内容には優先順位が存在する

多くの企業にとって容易に実施できるものは、比較的簡便で費用もかからない「配置転換」です。次に着手しやすい「育成」は、短期的には費用が抑えられるというメリットがある一方で、ある程度の時間がかかるところがデメリットです。

「採用」は、費用もマンパワーも短期的には多くかかる方法ですが、中途採用

で要件を満たす人材を採ることができれば、ある程度の即効性があります。しかし、新卒採用のようなポテンシャル採用の場合、事業上の成果が出るには時間がかかることもあります。

「外部委託（アウトソーシング）」は、最近では珍しくない手法です。社内ですべての業務をまかなうのではなく、その一部、あるいは全部を外部の人に委託をする方法です。即効性がありますが、表面的なコストは高くなります。ただし、中長期的に見ると、必要なときだけ委託し、そうでないときは委託しないなどの調整を行うことで、常時専任の人員を確保しておくよりも低コストになる可能性もあります。

まず、要員計画を実施するにあたっては、さまざまな人材の充足方法のうち、どの方法を採るかということから検討を始めます。その時々の状況によって、どの方法がよいかが変わります。たとえば、自社にとって重要なコア業務であれば、できるだけ内製化したほうがよいかもしれません。即効性が重要であれば、育成よりも他の手法がよいでしょう。このように考えて、採用という手法での獲得がベストであるという場合に、要員を採用で確保するための「採用計画」を立てます。

## 「人材ポートフォリオ」「人材フロー」との関係

第2章では、「人材ポートフォリオ」「人材フロー」について解説しました（➡ P.40、P.42）。人事担当者や経営層は、自社の現在と目指すべき将来を見極め、一貫した方針を設定した上で、「どのような組織をどのように実現するか」を考えます。このうち、「どのような組織を」にあたるのが「人材ポートフォリオ」であり、「どのように実現するか」が「人材フロー」です。また、「人材ポートフォリオ」は「要員計画」に、「人材フロー」の中の流入部分は「採用計画」にほぼ対応します。

「要員計画」や「採用計画」は、次節でも詳しく説明する人事の6機能（＝「採用」「育成」「配置」「評価」「報酬」「代謝」）との関係についても考えておくことが必要です。「採用」「育成」「配置」の3つは「要員計画」の主要素であり、残りの「評価」「報酬」「代謝」も、一貫性のある方針に従って両計画に組み込まれていなければなりません。

## 第2節 人事の基本機能

### 組織人事の6機能

　第2章において、「組織人事の6機能」（➡ P.37）について触れました。ここでは本書の主題である「採用」を除く5つの機能（＝「育成」「配置」「評価」「報酬」「代謝」）について解説し、中でも採用に関係が深い機能については、続く節でさらに詳しく解説します。

### 「育成」とは

　育成とは、「企業の内部の人材を、事業や業務が求める特性を持つ人材に変化させる活動」です（「採用」とまとめて「調達」と呼ぶこともあります）。「採用」と「育成」は、一貫した方針のもと連動させていくことが大切です（➡ P.174 採用と育成の連動）。

### 「配置」とは

　採用・育成した人材を社内の業務やポジションとマッチングし、「適材適所」を実現することです。人材を動かす「異動」だけではなく、人材の受け皿となる「組織構造」を変えることや、人材に任せる「業務分担」を変えることまでも含みます。

---

●組織構造……組織の中を、部門や職務へどのように分化させるか。
　　　　　　　事業部制組織、機能別組織は分化（構造）の形態の例。
●業務分担……一連のビジネスプロセスをどう切り分けるか。
　　　　　　　顧客別や商品別に1人が全ての流れを担当したり、
　　　　　　　前工程・後工程とプロセス毎に担当を分けたりなど。

---

　「配置」については第4節（➡ P.178 配置の考え方）で詳しく説明します。

### 「評価」とは

　配置した人材が生み出した価値などを評定するものです。具体的には、一定の期間において、企業と交わした約束や目標がどの程度達成できているか、達成の

ために必要な行動がどの程度とれているかなどで評価します。

評価は、個人の目標達成度をそのまま評価とする「**絶対評価**」と、特定の集団内で達成度を比較して評価する「**相対評価**」の2つに分類できます。絶対評価は「期首に設定した目標の達成度＝評価」となるので分かりやすいというメリットがある一方で、賃金が絶対評価で決まる場合に、全社員の絶対評価の結果によって総額人件費が変動するというデメリットがあります。相対評価は評価分布があらかじめ定められているため、どのような基準で評価されているかが分かりにくいというデメリットがありますが、総額人件費を管理しやすいというメリットがあります。

近年は、人事部や上司などによる一方向からの評価だけでなく、同僚や部下、顧客など複数の関係者によって評価を行う「**360度評価**」（「360度サーベイ」「360度フィードバック」「多面的評価」などとも呼ばれます）を導入する企業も増えています。

## 「報酬」とは

「評価」にもとづいて、企業全体が期間中に生産した価値から、それに関わったメンバーに配分された価値のことを指します。基本的には金銭的価値の配分に当たる金銭的報酬のことをいいますが、表彰や肩書き、働きがい、裁量権の付与、休暇取得の自由度などの認知的価値（本人にとっての価値）の配分に当たる非金銭的報酬も含みます。金銭的報酬と非金銭的報酬のバランスを意識し、従業員の労働意欲を高めようとする「トータルリワード」という考え方も出てきています。

金銭的な報酬の決定方法には、大きく分けて「**絶対額決定制**」と「**昇給額決定制**」の2種類があります。絶対額決定制は、当期の評価のレベルによって報酬を決める方式であり、そのため評価が変わると報酬が変動します。一方で昇給額決定制では、当期の評価によって、前期の報酬に上積みされる昇給額が決定されます。よって報酬は、一般的に安定的に推移することとなります。

## 「代謝」とは

内部にいる人材に外部に退出してもらうという、組織の新陳代謝を指します。定年退職やリストラという半ば強制的な方法とともに自己都合の転職で退出する場合もあります。詳細は第6節（➡ P.185 採用と退出）を参照してください。

第7章 その他の人事領域

173

# 第7章 第3節 採用と育成の連動・新入社員定着の手法

## 継続的な接触としての「育成」

新卒採用においては、「採用」と「育成」は時期的にも近く、対象も「社会経験のない（少ない）若い人材」という点で共通しているため、一貫性を持って連動させることが可能です。

たとえば、「採用」を決めてから何か月もの間、内定者に対して何もせず、入社後にいきなり「育成」を始めればよいというものでもありません。企業は内定者が「内定ブルー（内定受諾後に生じる憂鬱期 ➡ P.160)」に陥ったり、自社との関係性が弱くなったりすることを防ぐため、定期的に内定者との接触を続ける必要があります。

## 「採用」と「育成」の方針を連動させる

「採用」と「育成」は、その方針も連動していなければなりません。「ポテンシャルを重視した採用を行っているのに、育成では即戦力となることが望まれている（➡ P.37)」、「ベンチャー企業らしい自由闊達な社風を謳って採用活動を行ったのに、実際には少数の創業メンバーの手足となって上意下達的に動く人物を育成しようとしている」などが、採用と育成が連携していない例として挙げられます。

この背景には、人事部にとどまらず企業自体が「自社の軸」となるものを持っていない、人事部内で「採用チーム」と「育成チーム」が分かれていて意思疎通が図れていない、採用と育成のどちらか（もしくは両方）を外部業者にアウトソーシングしたことで、自社の意図が正しく共有されていない、などの理由があります。関係各所の隅々まで、「自社の軸」となるものを浸透させましょう。

## 「リアリティ・ショック」への対処

新入社員が入社後に直面する現象の1つとして「リアリティ・ショック」が挙げられます。リアリティ・ショックとは、入社前に膨らませていた「期待」と、入社後に目にした「現実」にギャップがあることに気づき、衝撃を受けることを意味します（➡ P.69)。

とりわけ新卒採用では、就職活動の期間が短いために企業理解が十分に深まらず、また入社前の時点では、どの部署のどの業務を担当するかが定まっていないため、入社後を想像することが難しいためリアリティ・ショックが発生しやすくなります。

1つの有力な対処法は採用プロセスにおいて、求職者に社内の現実をできる限り正確に伝えておくRJP（Realistic Job Preview、➡ P.86）です。RJPによって入社後の現実を事前に共有することによって、リアリティ・ショックが緩和されることが実証されています。

## 育成の手法 ── Off-JT と OJT

入社の前後にかかわらず育成の手法には、「Off-JT（Off-the-job Training）」と「OJT（On-the-job Training）」の2つがあります。

Off-JTは、集合研修、講習会、通信教育、グループワークや座学研修など、日常の業務を離れて行う教育訓練を指します。たとえば内定者には、「業務に必要なスキルやビジネスマナーの向上」を目的としつつ、「不安や悩みの察知、解消」「早期退職の防止」「新人同士のネットワーク構築」などにも注意を払ってOff-JTを実施します（➡ P.164 内定者に対する教育）。

OJTとは、職場で実務に当たらせる中で、社員の教育を行うものです。そのために新入社員に対して指導役の社員を置くのが一般的ですが、指導役の社員が自分の仕事で手一杯で、新人の指導にまで手が回らず、結果として新人社員の意欲を失わせることがあります。新入社員と指導役の性格が合わないということもあり得ます。育成担当者は、採用担当者から新入社員の特性などを引き継ぎ、これを考慮した上で、適任の指導役を定めることが求められます。

## Off-JT と OJT のメリット・デメリット

Off-JT と OJT のメリット・デメリットをまとめると、以下のようになります。

| Off-JT | メリット | 体系的に学べるため知識の整理ができ、基礎を固められる |
| | | 現場での実務ではないので、緊張せずに行うことができる |
| | デメリット | 実務へそのまま使えるわけではなく、応用が必要 |
| | | 実務以外の時間やコストが必要 |
| OJT | メリット | 現場で仕事をする能力が身につき、実践的である |
| | | 教育内容が、そのまま企業の業績につながることもある |
| | デメリット | 体系的に学べないため、汎用性に欠ける |
| | | 指導員役に負担がかかることや、相性の良し悪しがある |

「育成」は Off-JT と OJT を組み合わせながら行うことが基本です。新入社員が Off-JT で学んだことを OJT で実践していきながら、1人で問題なく業務が行えるようになるまで学習します。

## 「リテンション」

「リテンション (retention)」とは、文字通りにいえば「引き留めておくこと」で、社員が退職しないよう、先回りして施策を講じておくことです。リテンション施策において重要になるのは、社員が自身の成長を実感できるように、企業が多角的に支援を行うことです。たとえば、挑戦的な仕事を割り当てることや、仕事から学びが得られるように上司が働きかけることが挙げられます。社員の成長実感がどうしても頭打ちになっている場合、本人のキャリア展望を踏まえた上で、異動という選択肢を検討することも必要です。

## メンター制度の導入

新入社員のリテンション施策として、「**メンター制度**」を採用する企業が増えています。これは、配属部署の直属の上司とは別に、指導・相談役（メンター）となる先輩社員を指名して、内定者や新入社員（メンティ）をサポートさせる制度です。メンター制度では一般に、「年齢や社歴の近い先輩社員」がメンターとして、部署を越えて、新入社員の仕事における不安や悩みの解消、業務の指導・育成を担当することになります。つまりメンターは「指導を受ける側＝メンティ」に、仕事に必要なスキルやマナーを身につけさせるとともに、精神的に支える役

割も担います。メンターは、先輩社員として社内事情もある程度知っている一方で、部署が異なるので、直接の利害関係がありません。そのため仕事のみならず、生活上の悩みも相談に応じやすく、新入社員には心強い存在であるはずです。

　メンター制度と似たものとしてOJTを思い浮かべる人も多いかと思いますが、この2つは厳密に言えば異なります。OJTの主目的は「仕事を教えること」であり、メンター制度の主目的は「組織に馴染んでもらうこと」です。メンター制度をOJTの一種だと捉えると、メンティの納得感や満足感よりも「効率」が優先され、メンターはただ「即効性の高い解決法を指示する」だけになります。

## メンターの選び方

　メンターを選ぶ際は、面倒見がよく、メンター制度や後輩の育成に関心がある社員がよいでしょう。また、上でも触れたように、メンティがメンターに本音で相談できるように、メンターとメンティには職務上での利害関係（上司と部下など）がないようにします。年次については、メンティに近い先輩社員がよいでしょう。世代や職位が近いことで価値観や志向を理解しやすいため、メンティが話しやすく、仕事振りやキャリアの参考にしやすいためです。ただ、高い業績を上げている社員が、メンターに向いているとは必ずしも限りません。能力がかけ離れた社員をメンターにしてしまうと、メンティが参考にしにくいため、ともすればメンティの自信喪失や諦観につながります。

# 配置の考え方

　新規卒業者の就職活動が社会的なイベントとなっている昨今、企業は社外向けの採用活動に力を入れています。しかし、採用活動を終了した後、社内向けの活動である「配置」がおろそかになっているケースが少なくありません。「適材適所」という言葉があるように、人材が活躍できるかどうかは、その人材の性格や能力だけではなく、どのような職場に置かれるか、誰の部下になるのか、どのような人たちと同僚になるのかで左右されるからです。

## 社内で生じる多くの問題の主原因は「人間関係」

　現在多くの企業を悩ませていることには、「社員のメンタルヘルスの不調」や「早期退職」、さらに「思うように社員が活躍してくれない」などといったことがあります。

　これらの原因を社員本人に求めがちですが、「メンタル不調」も「早期退職」も「本人が活躍できるか否か」も、主な原因は社員のパーソナリティだけではなく、人間関係を含む労働環境にもあることが指摘されています。これは「配置（配属）」の問題でもあり、配置の成否によって、せっかく採用できた有望な人材がつぶれてしまうことすらあります。配置は、採用と同じぐらい重視しなければならない業務です。

## 相性にもとづく配置のあり方

　配置にあたって、人事担当者が通常考慮するのは、個人の「能力」や「志向」とともに職務への適性です。内定者からは「配属希望」や「保持している知識やスキル」などを、配属先部署からは「要望されている知識やスキル」「要望されている属性」などを聞き取り、マッチングすることが一般的ですが、それだけでは不十分です。

　配置において重要なのは、「配属される人と配属先の構成員・チームとの相性」です。これは、多くの日本人が場やチームの状況に合わせて自身の役割を変化させることを厭わない「役割意識」を持ち、そのことが組織への「貢献」と考えるためです。

　「転職をする理由」に関する調査を見ると、仕事内容でもキャリア観の相違でもなく、「人間関係」が転職理由として多く挙がります。「何をするか」より「誰と働くか」が重要なのです。配置を考える際には、個々人の希望を念頭に置きながらも、「周りとの相性」も考慮すべきです。

## 「よい相性」とは何か ── 「類似関係」と「相補関係」

　それでは、人同士や、人と組織との間において「相性がよい」とはどういうことでしょう。1つの考え方を挙げます。

　一口に相性と言っても、大まかに2種類に分けられます（なお、学術的には3種類あるとされています）。1つはいわゆる「似たもの同士」、つまり「似ている相性＝類似関係」です。「一から十まで教えようとする上司に、丁寧な指導を望む部下がつく」といったケースがこれに該当します。高い離職率など、リテンションに問題がある場合には、上司との類似関係にもとづいて部下を配置することが特に重要になります。類似関係は互いに似ているためにコミュニケーションコストが低く、また「類似性効果＝自分に似た人に好感を持つ傾向（➡ P.126）」から、出会ってから短い期間で互いに分かり合い、親密になることが可能です。

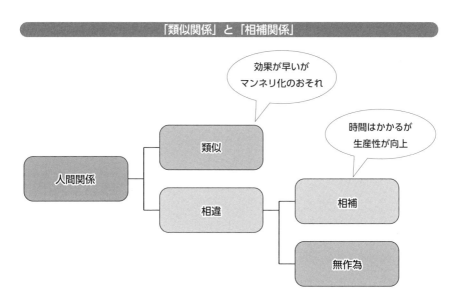

「類似関係」と「相補関係」

効果が早いが
マンネリ化のおそれ

時間はかかるが
生産性が向上

人間関係 ─ 類似

相違 ─ 相補

無作為

　ただし類似関係は、慣れるとマンネリ化して生産性の低下を招く可能性があります。そのため、もう1つの相性である「相補関係」が適している場合もありま

す。相補関係では、ある性質を一方だけが持っている者同士を組み合わせることによって、互いに補完し合うという関係ができます。たとえば、「自分の信念に基づいて部下を引っ張る上司に、素直で従順で受容タイプの部下がつく」などが典型例です。

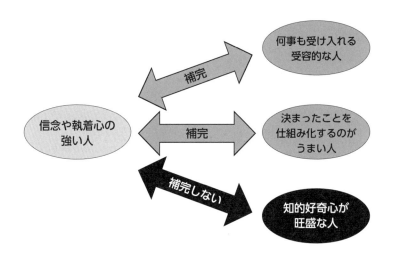

典型的な「相補関係」の例

相補関係では、性質の異なる部分が大きいため、理解し合うまでに時間がかかります。しかし、その段階を乗り越えられれば、異質な意見を組み合わせられるので、互いに刺激を感じて、チームの生産性が高まるとされています。

## パーソナリティの可視化

相性がよい配置を実現する上で必要なのは、「パーソナリティの可視化」です。現在、多くの企業が採用選考において適性検査を実施しているので、（➡ P.118 適性検査の活用）適性検査から内定者のパーソナリティのデータは得ることができますが、配置を決めるにあたっては内定者のデータだけでは不十分です。パーソナリティによる相性のよさを考えるには、社員に対しても同じ適性検査のデータが必要です。少なくとも配属予定部署の上司には適性検査を受けてもらい、相性を比較するためのデータを可視化します。

このようにして個々人のパーソナリティを可視化できれば、リテンションを強化したければ良好な関係を早く築ける「類似関係」、創造性を高めたいのであれ

ば異質なものを融合してシナジー効果を生み出す「相補関係」を重視してマッチングを検討します。

しかし、適性検査で可視化されたパーソナリティを重視するあまり、相性だけを考えて配置を決めてしまうと、業務に欠かせない能力面が考慮されなくなるおそれがあります。

また、リテンションの施策を検討するに当たり、定着しない要因が人間関係以外の労働環境（業務内容や待遇、衛生状態など）にある場合、パーソナリティのみで解決しようとしても不可能です。近年は「ダイバーシティ＆インクルージョン」という、多様な働き方を受容する労働環境の整備（➡P.208）も求められています。

## One Point CHECK ⑪

■問題 パーソナリティの可視化に関連した、以下の問題を解いてみましょう。
採用における適性検査について書かれた以下の選択肢のうち、もっとも適切なものを1つ選んでください。

［選択肢］

1.適性検査のうち、パーソナリティの可視化に適しているものは性格適性検査である

2.性格適性検査は、その時点での性格に関する強い特徴を数値で捉えるものである

3.性格適性検査はあくまで本人の評定によるため、結果を信じるのは危険である

4.適性検査で社員のパーソナリティを可視化することが配置を考える上で何よりも重要である

正解：1 ◀

# リスキリング

　2022年ごろから、「リスキリング」への注目が集まっています。人事領域のカンファレンスでは、リスキリングをテーマにしたセッションが増えています。また、公的な文書においてもリスキリングの重要性が指摘されており、国を挙げて推進が図られている状況です。

## リスキリングの採用における意味

　リスキリングは、自分にとって新しい領域のスキルを身につけ、将来その領域で働けるようになるプロセスを指します。人事で働いている人がデジタルマーケティングの知識を学ぶことが一例です。リスキリングは「アップスキリング」と対比されることが多く、アップスキリングは現在の領域においてスキルをさらに深めることを意味します。たとえば、ITエンジニアが新しいプログラミング言語を習得することが挙げられます。

　リスキリングが注目されるようになった主な理由として、テクノロジーの進展があります。AIやロボティクスの発展によって、仕事で求められるスキルが変わってきています。このような動きが進むと、将来なくなる仕事も出てくるかもしれないとの予測も出されています。技術的失業を避け、新しい領域における仕事に移ることを促すために、リスキリングが要請されているのです。

　リスキリングは、いくつかの点で採用に影響を与えます。まず、人材要件が変わる可能性があります。特定の領域のスキルを持つだけではなく、必要に応じて他の領域のスキルを学ぶ柔軟性を持った人材が好まれるようになるかもしれません。そして、採用に関わる人自身がリスキリングの主体になることも考えられます。採用におけるテクノロジーの台頭には目を見張るものがあり、デジタルスキルの獲得が期待されます。

　実際、多くの企業がデジタルスキルのリスキリングに投資を始めています。たとえば、従業員にプログラミングや機械学習の研修を提供する企業はいまや珍しくありません。ただし、リスキリングで想定するスキルはデジタルスキルに限定されない点に注意が必要です。チーム単位で他者と協力しながら行う仕事もあります。他者とうまくやっていくスキルを「ソフトスキル」と呼びますが、これも

リスキリングの対象となる重要なスキルの1つです。

## 学んだことを仕事に活かす

　リスキリングの方法として現在取り入れられているのは、研修やeラーニングなどのOff-JT（Off The Job Training；職場から離れた場で学ぶこと）です。しかし、これまでの多くの研究が示しているように、職場外で学んだことを仕事に活かすのは難しいものです。新しいスキルを研修で学んでも、職場に帰ると元の状態に戻り、活かされないことが多いのです。

　この問題を解決するために、2つのポイントがあります。まず、学んだことを仕事に活かそうという意欲が重要です。この意欲を高めることで、仕事に活かす可能性が高まります。将来的に自分の成果につながると感じられれば、学んだことを使おうとします。研修が実際の仕事にどのように役立つのかを示し、研修への前向きな姿勢を醸成する必要があります。

　もう1つは、上司のサポートです。研修を受けた人の上司が、研修で学んだスキルを用いることを奨励し、研修への支持を示すことで、新しいスキルを試してみようという気持ちになります。上司のサポートにより、新しいスキルを試す機会が増え、結果的に学んだことを仕事に活かせるようになります。研修の前後で、上司と研修の目的や内容を共有し、サポートを引き出すなどの対策が求められます。

## 内発的なモチベーションに働きかける

　リスキリングは基本的に企業が主導して進められますが、ここで重要になるのはリスキリングの主体である従業員のモチベーションです。

　モチベーションには、本人の内側から湧き出る内発的なものと、報酬や罰など外側からの刺激に基づく外発的なものの2種類があります。企業が主導するリスキリングの場合、しばしば外発的なモチベーションに働きかけます。しかし、このタイプのモチベーションは燃え尽きやすく、学んだことを他者と共有しないなどの悪影響をもたらすことが知られています。

　一方で、内発的なモチベーションは仕事へのやりがいを高めるなどのプラスの効果が認められます。リスキリングを進める際には、内発的なモチベーションをどうやって促進するかが鍵となります。

　内発的なモチベーションを促進する上で、目標設定が大事です。キャリア開発

を支援し、自分が目指す人材像を明確にすることで、本人にとっての具体的な目標が立てられます。目標に向かう学びであれば、自ら進んで選択しやすく、内発的なモチベーションに基づく学びが促進されます。

　また、モチベーションのタイプを段階に応じて使い分ける方法もあります。たとえば、リスキリングの初期段階では外発的なモチベーションに働きかけ、スキルが徐々に高まるにつれて内発的なモチベーションに移行していく方法です。この移行プロセスにおいては、上司が重要な役割を担います。上司が部下に対して、普段の仕事の裁量を少しずつ引き上げるような支援を行いましょう。それによってリスキリングは円滑に進み、良い成果をもたらします。

## 学びのコミュニティを形成する

　先に述べたように、外発的なモチベーションに基づく場合、知識の共有が起こりにくいという問題があります。この点は、リスキリングを推進する上で厄介な問題を生み出します。学習の孤立を引き起こすのです。一人で学ぶことになると、学習の効果は低下し、モチベーションの維持も難しくなります。

　リスキリングにおいて学習の孤立を防ぐために、学習者同士が互いに支え合う関係性を作ることが推奨されます。これによって、学びのコミュニティを形成することができます。仲間と一緒に学んでいれば、共通の目標を達成しようという意欲が生まれ、学びがより楽しいものになります。コミュニティ内では、それぞれが学んだことを共有したり、困難に直面したときに励まし合ったりすることが可能です。

　学びのコミュニティを形成する上で大切なのは、初期の参加者です。学習意欲が高く、他者を支援することに積極的な人が早い段階で参加していれば、その後、コミュニティは順調に育っていきます。

　eラーニングのように、個々人がばらばらに学習している場合でも、学びを個人で閉じこもらずに、定期的に集まる機会を作り、進捗を共有する努力が求められます。学びのコミュニティによって持続可能な学習環境を作ることができ、リスキリングの効果を向上させることができます。

第2章で採用戦略の1つとして紹介した「人材フロー」のイメージ図を思い出してください。

「採用」として外部から内部に入ってくる矢印がある一方、「代謝」として内部から外部に出ている矢印もあります。これは、人材の組織からの「退出」を意味しています。

「採用」をコントロールする必要があるのと同様に、要員計画で理想とする組織の形を定めたら、「退出」をコントロールする必要があります。これを「退職のマネジメント」といいます。

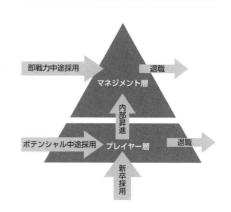

人材フローのイメージ図

即戦力中途採用　→　マネジメント層　→　退職
　　　　　　　　　内部昇進
ポテンシャル中途採用　→　プレイヤー層　→　退職
　　　　　　　　　新卒採用

## 「退職のマネジメント」とは

「退職のマネジメント」は、個人に退職を要請するリストラとは異なります。個人が自発的に退職する割合を、いかにして間接的にコントロールするかということです。一時的に退職金を上積みして自発的な退職を促すというような直接的な手段（＝早期退職）もありますが、ここではより中長期的な、緊急措置ではないマネジメントのことを指します。

個人の自発性に任せる以上、短期的に劇的な効果があるものではなく、退職率は基本的には緩やかな変化を示すものです。だからこそ、将来の社員構成を随時シミュレーションしながら、舵を取っていく必要があります。

そのためには、まず自社にとっての理想の退職率を設定することが求められます。たとえば、40代半ばでピラミッドの頂点を作ることをイメージした企業ならば、5％あたりが適切な退職率となります。より若い世代に頂点を担ってもらいたいなら、理想の退職率を上げることになります。逆に、一人前になるのに長い年月がかかる仕事の企業であれば、もっと低い退職率を目指すべきでしょう。

退職率をモニタリングしながら、目標の割合より上振れするようなら退職率を

下げる「求心力」の施策を、下振れするようなら「遠心力」の施策を実施し、理想の退職率を実現するように日々手を打っていきます。

## 退職をコントロールする「求心力」と「遠心力」

「求心力」施策とは、企業に定着を促す施策で、愛社精神を向上させるイベントや評価・認知活動、社内業務に役立つ能力開発への投資、仕事や職場への適応を目的とした研修の実施、定着インセンティブの高い退職金、報酬のアップなどを指します。これまで、「企業」への愛着や一体感を高めようとするものが多かった求心力施策ですが、近年は「ワークエンゲージメント」に代表されるように、「仕事」に対する活力を高めようとする施策も増えてきています。

一方、「遠心力」施策とは、企業からの退出を自然に促す施策で、社外での就業を含めた選択肢を検討できるようなキャリア開発支援や、社外でも通用する能力の開発への投資、セカンドキャリア支援の退職金、昇給や昇格の停止、役職定年制度などがあります。

この2つを、理想の退職率と実際の退職率予測のギャップを踏まえ、バランスを考えて実施していきます。双方を地道に実施することで、自発的退職を主とする理想の退職率に近付けることができます。

## 「退職のマネジメント」は組織・個人の双方にとっての得策

「退職をマネジメントする」という言葉だけで、嫌悪感を持つ方もいるかもしれません。しかし、適切な退職率を維持できない企業は、組織として歪んだ構造となり、適切な事業運営もできなくなります。その結果、リストラという無理な外科手術をすることになるか、最悪の場合は倒産し、すべての社員を不幸にします。

それゆえ、きちんと理想の組織体制を想定し、もし組織において特定の層が多すぎるというようなことがあれば、長い期間をかけてある程度自然な遠心力を利かせ、社員が活躍できる場を社外にも求めやすい風土を作っておくことが、企業にとっても得策となります。無理な退職を強いることなく、自然な退職が実現するからです。

人事は、人を採用した以上、目を背けることなく、彼らの出口にも責任を持つべきです。それが「退職のマネジメント」の本質です。

## 「アルムナイ」（「同窓会」）を支援する会社も

　ちなみに、最近では退出した人材（アルムナイ。OB ／ OGや「卒業生」と呼んだりする会社もあります）との関係を継続的に維持し、場合によってはアルムナイが集まる「同窓会」を支援する施策を採る企業が増えています。アルムナイは、何かの理由やタイミングで袂を分かったとしても、一度は同じ釜の飯を食べた間柄なので、支援し、つながっていれば、本人と会社のニーズが再びフィットして「再入社」の機会が訪れる可能性もあります。実際、多くの企業で「出戻り歓迎」を打ち出して、OB ／ OGを採用の対象としています。

　アルムナイ以外にも、一度自社を受けてくれたけれど残念ながら辞退したり、興味関心は持ってくれたものの応募には至らなかった人たちを（本人の了承を得て）データベースにプールしておいて、よいタイミングで情報を提供したり採用公募を行う「タレントプール」という考えも出てきています。これらは顕在的な応募者だけを相手にしていては採用が追いつかないことを背景に生まれてきている手法です。

## タレントマネジメントシステムによってこれらの作業を実現する

　さて、本章で述べてきた「要員計画」や「人材ポートフォリオ」「人材フロー」「配置」などの概念はお分かりいただけたと思うが、実際に作業をしてみると膨大で複雑な工程であることが分かります。このため、「必要ではある」とは思っていても、多くの企業が手をつけることができませんでした。

　そこで近年登場したのが「タレントマネジメントシステム」と呼ばれる人事管理システムです。以前の人事管理システムは、社員の個人情報や評価情報などを格納しておくだけのデータベースでしたが、近年では上記のような人材マネジメントをシステム上でシミュレーションできるように進化しています。

　タレントマネジメントシステムとは、従業員の才能やスキルを一元管理し、人材配置や人材育成を効果的に実施するためのシステムです。昨今関心が高まっている人的資本経営の実現にも、タレントマネジメントシステムの導入が有効です。

# MEMO

# 第8章

# 新しい採用手法の流れ

第1節 リファラル採用

第2節 採用のオンライン化

# 第1節 リファラル採用

本書で何度か触れてきた「リファラル採用」(紹介による採用。ダイレクト・リクルーティング、ネットワーク採用などとも呼ばれる)は、近年もっとも注目を集めている採用手法の1つで、特に候補者群形成の段階で高い効果を持ちます。

## 「リファラル採用」とは何か

「リファラル採用」自体は目新しい手法ではなく、新卒採用においては古くからある「リクルーター制」、理系で多い「研究室訪問」、「OB・OG訪問」などが広義の「リファラル採用」に含まれます。中途採用における縁故に基づく引き抜きやヘッドハンティングも同様です。日本ではこれらの効果が再評価されて、「リファラル採用」という新しい手法にまとめられたともいえます(「リファラル採用」という言葉自体は米国で使われはじめ、有力な採用手法の1つとなってきたものです)。

Web上の就職ナビや、大規模会場を借りての合同説明会などの、「マスメディア」を通じて行う候補者群形成を「マスプロモーション採用」と呼ぶと、「リファラル採用」はこれと対をなすものだといえます。それぞれの特徴をまとめると以下のようになります。

### マスプロモーション採用とリファラル採用の特徴

| マスプロモーション採用(= PULL 型) | リファラル採用(=PUSH 型) |
|---|---|
| ●不特定多数の人にアプローチする | ●人間関係のある人にアプローチする |
| ●効率的に広く情報流通ができる | ●時間はかかるが情報信頼度が高い |
| ●合格率はそれほど高くない | ●合格率が高い |

マスプロモーション採用は、WebサイトやDM(ダイレクト・メール)などにより不特定多数の人に情報を発信できますが、リファラル採用は何らかの関係がある人にしか情報を提供できません。そのため、前者は上手くいけば短時間で候補者群を形成できますが、後者は一定規模の候補者群を形成するためには相応の時間がかかります。その代わり、情報の信頼度が高いため、マスプロモーショ

ン採用のアプローチでは動かせなかった人を動かして、選考応募やイベント参加に導く可能性が高まります。また、マスプロモーション採用は気軽に応募できる分、合格率は高くありませんが、リファラル採用は知人を介しての応募であるために、自社の要件に適合する確率が高く、合格率は上がります。さらに、「知人等を介しての紹介」であることから、内定を辞退する可能性も低くなります。

## リファラル採用の手順と注意点

### ① 「内定者」や「新入社員」から候補者を紹介してもらう

リファラル採用はまず、「内定者」や「新入社員（新卒・中途を問わず）」に対して、「当社に合いそうな人がいれば、紹介してほしい」と告げ、候補者群形成の起点とします。信頼関係を築けている相手であれば、「内定辞退者」に紹介を依頼しても構いません。自社にフィットする内定者や新入社員等の人材の周囲には、同じような適性を持つ人材がいることがあります。

### ② 紹介に対する不安払拭と動機づけが必要

候補となる人を紹介してもらう際に重要なことは、「紹介をしてくれる社員の不安払拭と動機づけ」です。自分が入社する、あるいは所属している企業だとはいえ、大事な友人や後輩を紹介するのは誰でも不安を覚えるものです。まずはその不安を払拭しなければなりません。たとえば、「紹介をしてもらったら、何らかの形で必ず会う」「イベントなどに誘う際、強要はせず、事前に希望を聞く」「しつこく勧誘することはしない」「会う際には、対等な立場で、相手からもどんどん質問してもらえるようにする」「就職活動や面接などについての一般的な疑問にも答えるなど、相手にもメリットのあるサポートを行う」などを、事前に紹介者に約束します。そうすることで紹介する側も不安を抱かずに済みます。

### ③ 紹介でしか会えない人材をターゲットにする

リファラル採用のターゲットとする候補者については、意識すべき2つのポイントがあります。1つは、マスプロモーション採用で会える層はあまり対象にしないことです。マスプロモーション採用でも来る人材に、時間のかかるリファラル採用を行うのは二度手間になります。

もう1つは、「能力は高いのに就職や転職の活動への意識が低い層」を狙えるということです。たとえば新卒採用で言えば、体育会系クラブの部長をしており

就職活動にまで手が回らなかった人材や、高度な研究に没頭するあまり就職に意識が向いていないような人材は、マスプロモーションには反応しにくいため、リファラル採用による紹介によって発掘することができます。また、転職の場合も、日々忙しく充実している社会人は、転職活動に力をいれられないでしょう。そのような人材にもリファラル採用のチャネルであれば、アプローチすることができます。

### ④ 「有力属性」の紹介も依頼する

　紹介を依頼する際、特定個人とのつながりを思い浮かべてもらうだけではなく、内定者が知っている「有力属性」（＝自社にとって必要な能力を持っている層が多数在籍していそうな集団属性）についてヒアリングを行うことも効果的です。直接的に相手を知らなかったとしても、「あの団体は有望な人が多い」という評判を知ることができれば、別の人材に紹介を依頼したり、直接その団体に企業側からアプローチしてみたり（企業協賛をしたり、ダイレクトに説明会の実施などを依頼したり）することで、接触しやすくなります。

新卒採用におけるリファラル採用の働きかけの例

バイトリーダー

キャプテン

アルバイト先

クラブ活動

内定者／新入社員

　「属性」については、新卒採用の場合で言えば「大学・学部・学科・ゼミ」に限らず、クラブやサークル、学生団体やNPO、アルバイト先など、多様なものが考えられます。紹介は一段階に限らず、紹介された相手にまた誰かを紹介してもらうということを重ね、多層的に紹介をつなげてもらうようにします。どのような集団であれ、アルバイト先のリーダーやクラブ活動のキャプテンなどの中心的な役割を担っているキーパーソンはいるため、キーパーソンにつながると採用

対象となる人材は広がっていきます。

### ⑤ できるだけ「気軽な」出会いとする

　企業側に採用活動だという意識があっても、紹介された人物をいきなり自社の会議室に呼び出さないほうがよいでしょう。会う場所は、相手の学校や職場、自宅の近く、喫茶店など相手が緊張感を持たない場所が適しています。企業側はあくまで「採用活動の参考に、いろいろ人に会いたい」というスタンスをとり、相手に親近感を持ってもらって信頼関係を築くようにするべきです。

## One Point CHECK ⓬

■問題 リファラル採用に関連した、以下の問題を解いてみましょう。

リファラル採用について書かれた以下の選択肢のうち、もっとも<u>不適切</u>なものを1つ選んでください。

［選択肢］

1.リファラル採用は、新卒採用と中途採用のどちらでも実施することができる

2.リファラル採用はそれ以外の採用と比較して、選考に進んだ候補者の合格率が高い

3.リファラル採用で選考に来た候補者は、それ以外のルートで来た候補者と比べて、内定を承諾する傾向がある

4.リファラル採用を通じて入社した社員の離職率は、それ以外の採用と比較しても大きな違いはない

4：答正　◀

## 第2節　採用のオンライン化

　採用活動といえば、応募者が説明会や面接を受けるため、企業や企業の指定した会場を訪れるということが一般的でした。採用担当者と応募者がじかに対面する機会は重要ですが、多様性のある候補者群を形成するためには、直接会いに来てくれる応募者だけにアプローチする方法には限界があります。

　より多様な人材にアプローチする手法として、「採用のオンライン化」が進み、コロナ禍以降（2020年～）には安全な方法として急速に広まりました。

### 採用における時間と距離の障害

　インターネットを通じた採用活動は、広報や応募という面では十分浸透しています。採用サイトは、大学やハローワークの開いている時間でしか見られなかった求人情報を全国からいつでも見られるようにしました。オンラインでの選考参加の申請もまた、願書の郵送にかかる時間や費用を削減しました。

　しかし、説明会や面接などの選考プロセスについては、応募者が企業の求めに応じて赴く慣習が根強く残っています。自社から近くに住み、時間的な余裕のある人材であれば問題にはなりませんが、多忙であったり、遠方であったりする場合、時間や距離、費用の負担が大きくなり、選考への意思を下げる要因になります。企業側も応募者との調整や準備にコストがかかり、せっかく自社に関心を持った人材を逃すことにもなりかねません。

　このような企業と人材双方の機会損失を解決する手段として、「採用のオンライン化」が進んできています。

### Web説明会（セミナー）

　「Web説明会（セミナー）」とは、企業側がWeb上に場を用意し、求職者にインターネットを通じてアクセスしてもらう説明会です。

　求職者はインターネットに接続できる環境であれば、パソコンやスマートフォンなどを通じてどこからでも参加することができます。企業側もWeb上であれば急な参加人数変更にも対応しやすく、設営の労力を減らすことができます。その分の採用リソースを募集などに割き、応募期間も開始直前に設定できるため、

幅広い候補者群の形成が期待できます。

　Web 説明会には、主に「録画配信」と「ライブ配信」の2つがあります。

　「録画配信」は、あらかじめ企業が撮影・編集した映像を配信するものです。配信前に撮り直しや編集が行えるため、企業の思い通りに情報を伝えられます。配信期間を設ければ、求職者がどの時間からでも見始められることや、繰り返し見直すことができます。ただ、求職者がその場で感じた疑問に答えることが難しい上に、最新の情報を伝えるためには、改めて映像を用意する必要があります。

　「ライブ配信」はいわゆる生放送であり、求職者は企業や選考に関する最新情報を聞くことができます。求職者から質問ができるように設定すれば、その場で回答することも可能です。一方で、従来の説明会と同じように定刻通りの開催になるため、時間の制約があります。また、配信中にトラブルが起きて運営が中断するリスクもあります。

## Web 面接

　Web 説明会と同様、面接もインターネット上で行う動きがあります。パソコンやスマートフォンのカメラとマイクを使い、Web サイトや SNS の配信機能を通して行う面接を「Web 面接」といいます。

　カメラとマイクがあるため、応募者の表情や所作を確認しながら音声でやり取りができます。一般的な面接と異なり、応募者は手元に資料を用意して臨めるため、緊張が緩和される可能性があります。面接を録画しておけば、採用担当者は確認のために見返すことができ、その後の選考の判断材料にするといった活用も可能です。

　一方で、インターネットを介したやり取りでは、対面よりも情報量が少なくなりがちです。たとえば、応募者に伝えたい情報が限られてしまい、志望度を高めることが不調に終わる場合があります。映像や音声の遅延などの通信状態や物音などの周辺環境が、面接を妨げるおそれもあります。また、応募者と面接官の双方に通信設備が整っていることと、それらを使いこなす技術も求められます。

# 受験者の声

## 受験者全体で振り返りの場は、目線合わせに効果的

　当グループでの採用は各社が個別に行っているのが実情のため、まずは目線合わせのための勉強会を開催しよう、ということになりました。
どんな内容にすべきか検討している中で出会ったのが、書籍『「最高の人材」が入社する採用の絶対ルール』（ナツメ社）で、学生の視座に立った選考設計という内容に非常に共感しました。

　その流れで著者陣が理事を務める「採用力検定」の存在を知り、単に書籍を読んで終わりではなく、検定試験の受験を通して、グループ各社の採用担当者が"学生視点の選考"という視点を揃えられ、またその結果をもとに自社の採用の特徴を社内で理解し合える機会にもなると考えました。

　受験者は人事責任者と採用担当者の合計40名を対象としました。前者は「取り組みを把握してもらう」、後者は「各社の採用力を上げる」というのがねらいです。受験者からは、「アウトプットを見て自分の強み弱みを把握できた」、「大筋想像通りの結果だったので納得感があった」などの感想も聞かれました。団体受験を終えて、これは採用担当者だけではなく、リクルーターや面接官など採用に携わるメンバーにも受けてもらえたらいいな、と思いました。

　受験後、これで終わってはもったいないと思い、フィードバック研修の場を設けました。団体受験の場合は受験者全体で振り返りの場があると、目線合わせに効果的だと感じています。
受験によって現状を把握する、ということのみならず、問題文を読むことで理解を促す・知識を付けられるという点は素晴らしいと思います。

　受験をすることで採用力が上がる、という利点があることをもっと多くの人に知ってもらいたいです。また、定期的に受験することで、前回受験した結果から比較してどう伸びたか、などを見ていくことも有効ではないかと考えます。

旅行業 人事担当者

第**9**章

# 採用担当者の心得

第**1**節 　内定をめぐる諸問題

第**2**節 　採用とハラスメント

第**3**節 　リファレンス・チェック

第**4**節 　採用と人権

第**5**節 　女性と採用

第**6**節 　障害者と採用

第**7**節 　外国人と採用

第**8**節 　正規雇用と非正規雇用

第**9**節 　採用に関する法的ルール

# 内定をめぐる諸問題

採用を決めた人材と、将来の入社を約束する契約を結ぶのが「内定」です。内定者はまだその企業で働いていません。内定をめぐっては、企業と内定者の間で争いが起こることがあります。

特に新卒採用の就活生が内定を取り消された場合、就職活動を再開しても、よい求人は終了していることも多いため、今後の職業人生にかかわる問題になります。また、「内定辞退」に対する企業の態度は、社会的な評判や将来の事業に影響を与える可能性があります。

## 内定とは

自社が求める人材を選抜し、最終的に採用を決めたとしても、求職者がすぐに社内で働くケースはあまりありません。求職者が在学生であれば卒業まで学業を修めることが優先されますし、中途採用であっても現職での退職手続きや引継ぎ期間が必要になります。自社にとっても、配属する部署との調整や教育計画の作成など、受け入れ準備の期間が必要です。

このため、採用の決定後、将来の入社を約束する「内定」という契約を、企業側が発令して求職者側が受諾する形で締結します。双方は契約で約束した日までに入社準備を整えることになります。

## 内定の効力と取消し

内定は将来の入社を約束する「契約」なので、順守されなければなりません。しかし、内定期間中に企業側の事情で、内定者の入社を受け入れられなくなる場合があります。たとえば、内定期間が長いゆえに、その間に起きる企業の業績や社会環境の変化によって、当初の計画通りに採用できなくなるケースです。しかし、内定者にとって、企業の事業で内定が取り消されることは、容易に納得できるものではありません。こうしたこともあり、内定の取消しについては、合理的な理由や妥当性があるかが問題となります。

内定の効力と取消しをめぐっては法的に争われたこともあり、その解釈については判例の中で明確になっています。内定は「解約権留保付き・始期付きの労働

契約」とされています。労働契約であるため「内定者は社員に相当」し、労働基準法に照らすと、内定取消しは「解雇」に等しく、企業からの一方的な取消しは無効であると判断されました。

　ただし、以下の場合は内定の取り消しが認められることがあります。

① 常識的にやむを得ないと考えられるような特別な事情がある場合

　　企業の倒産、不可抗力な事態（自然災害等）による事業縮小　など

② 内定取消しに関する定めを設け、その理由に合理性が認められる場合

　　内定者が卒業できなかった、企業への申告内容に重大な虚偽があった、信頼関係を破壊する重大な犯罪・不良行為を内定者が行った　など

　なお、新卒採用における内定の取消し、撤回、内定期間の延長など、当初の内定で契約した内容について変更を行う場合、あらかじめ公共職業安定所などの行政機関への届出が必要です。内定取消しを2年連続で行ったり、1年で10名以上に対して行ったりした場合、厚生労働省より、内定取消しの実態などについて公表されます。

## 内定者による内定辞退の効力

　内定取消しが企業の事情で行われるのに対し、内定者から入社を取り止める旨を伝えることは、一般的に「内定辞退」と呼ばれます。

　「内定辞退」という言葉は、主に2つのケースで使われています。

① 求職者が企業の発令した内定を受諾しない。

② 内定発令が受諾されたものの、内定期間中に内定者から辞退の申し出があった。

　①については受諾されていないため契約は成立しておらず、内定の効力は発生していません。問題となりやすいのは②のケースです。契約が成立しているため、内定に効力があると考えられます。内定受諾時には書面を取り交わすことが一般的ですが、企業側は内定辞退を避けるために、書面の中に内定辞退に対するペナルティ（契約破棄に対する法的措置、罰則など）を盛り込むことがあります。

　判例によれば、内定は「解約権留保付き・始期付きの労働契約」であり、「解約権留保付き」とあるので、内定者から解約を申し出ることができると解釈されています。すなわち、内定者からの内定辞退は解約として有効です。また、そのような解釈を行わなくても、正社員採用などの「期間の定めのない雇用」の場合、

民法の規定によって企業の承認の有無にかかわらず、社員の意思表示後2週間で労働契約の解約が成立します。

---

**コラム**　　　　　　　　　　　　　　　**内々定**

　新卒採用においては、採用活動の前倒しによる就職活動の長期化や在学生の青田買いを抑制するため、国や経済団体等が活動開始時期を設定して社会に告知しています（近年は緩和や撤廃の動きがあります）。

　採用活動が早ければ早いほど、自社が求める、あるいは他社がまだ採用していない人材を採用できるという考えを持つ企業も少なくありません。しかし、国や経済団体等の告知を無視して早期に内定を出すことは、社会的な評判や企業間の取引関係に悪影響を与えます。そこで、こうした問題を回避するために編み出されたのが「内々定」です。内々定とは、「内定を、後で出します」というものです。内定は判例によって「労働契約」とされているため法的効力がありますが、内々定は「後で出す」程度の弱い効力とされています。このため、国や経済団体等が設定する採用活動開始時期の前に出しても問題ないと考えられています。

　「内々定」をめぐってはまだ法的な議論が十分に進んでいませんが、求職者からすれば十分に採用内定と受け取れる言葉です。法的効力が弱いと考えられていても、求職者の職業選択を妨げる行為です。「内々定」を軽々しく扱うべきではありません。

---

## One Point CHECK ⓮

**■問題 内定に関連した、以下の問題を解いてみましょう。**

**「内定」の法的ルールについて説明した以下の選択肢のうち、もっとも適切なものを1つ選んでください。**

［選択肢］

1. 内定の法的効力について判例では、企業側も内定者側も内定についてある程度自由に解約できるとされている

2. 書面によって内定契約が取り交わされていた場合、内定者は、常識的にやむを得ないと考えられる特別な事情においてのみ辞退できる

3. 書面によって内定契約が取り交わされていた場合、内定辞退に対して賠償が明記されていれば、内定者は内定辞退の際に賠償に応じる必要がある

4. 新卒採用において企業が内定の取消しや撤回を行う場合、事前に行政機関への届出が義務付けられているが、これは内定の契約内容の変更であっても必要である

正解：4　◀

## One Point CHECK ⑮

■問題 内定に関連した、以下の問題を解いてみましょう。

企業から候補者に対して採用の内定を通知する際の注意点について述べた以下の選択肢のうち、もっとも適切なものを1つ選んでください。

［選択肢］

1.内定は、あくまでも仮の約束なので、会社として正式に決定する前であっても、候補者に対して内定を出したい旨を告げて期待を醸成すべきである

2.内定を通知する際には、できるだけ候補者が「自分のことを重要だと企業は思ってくれている」と感じるような工夫や配慮をすべきである

3.内定は早く通知するのが効果的なので、決定後すみやかにメールで一報を伝えるべきである

4.最終面接に合格した人に対しては、必ず内定通知を行わなくてはならない

正解：2 ◀

# 採用とハラスメント

　内定期間に限らず、採用活動全体を通じて企業が求職者に対して問題行動をとる場合があります。特に近年は、情報社会の進展によって問題行動が顕在化するケースが増加しており、より健全な採用活動の実施が企業に問われています。

## オワハラ（就活終われハラスメント）

　近年は、企業の求人数が求職者数を上回る売り手市場が続いています。特に新卒採用においては、それに加えて学生数が減少し、経済団体の指定する採用活動解禁の時期が遅くなったことから、各企業とも内定者の囲い込みに必死になっています。その結果として登場した新語が「オワハラ」です。

　オワハラは「就活終われハラスメント」の略であり、企業が内定者あるいは内定を出そうとしている応募者に対して、自社以外への就職活動を終了するよう強要したり、それを内定発令の条件にしたりすることなどを指し、他社への就職活動を妨害する行為です。日本では「職業選択の自由」が保障されており、就職活動はそのために必要な行為です。オワハラは企業による人権侵害であり、許されることではありません。

　企業の行為をオワハラと感じた応募者は、その企業に対する志望度を下げます。志望度が下がれば入社を辞退するか、仮に入社してもモチベーションが保ちにくく、早期の退職につながるおそれがあります。

　第6章の「採用活動の実際（3）動機形成（➡ P.153 ～）」を参考にしながら、ハラスメントを感じさせない内定者フォローに努めましょう。

## パワーハラスメント

　職場やビジネスシーンの中で見られる「パワーハラスメント」は、採用活動でも問題になっています。パワーハラスメントは「職務上の地位や人間関係などの優位性を背景に精神的・身体的苦痛を与えること」を指しますが、これは採用に関わる人と応募者の関係にもあてはまります。

　採用活動において、「求職者は企業を選ぶ権利がある」とは言われるものの、実際に採用に関わる企業の社員に対して対等な気持ちでいられる応募者は少数派

です。企業側が応募者を「採用見送り」としてしまえば、応募者にとってその企業の選考プロセスは終わってしまうため、その言動は圧力になり得ます。

OB・OG訪問など、採用に関わる人と求職者個人が社外で対面するシーンでは、特に注意を要します。他人の目が届きにくいために、ハラスメントが起こりやすいからです。

## モラルハラスメント

「モラルハラスメント」とは「言葉や態度、身振りや文書などによって、人間の人格や尊厳を傷つけたり、肉体的、精神的苦痛を与えたりすること」です。

採用の世界では、意図的にモラルハラスメントを応募者に行う「圧迫面接」という手法があります。面接官が応募者に対して人格を否定する言葉を発したり、威圧的で人もなげな態度を取ったりすることで、「応募者のメンタルタフネスを測る」という名目で行われます。

しかし、このような態度を取られた時点で、多くの応募者は志望度を下げますし、そもそも応募者の尊厳を踏みにじる行為であるため、圧迫面接は行ってはいけません。

## セクシャルハラスメント

「セクシャルハラスメント」も採用活動で見られます。逆らえない求職者に対し、採用に関わる人が卑猥な言葉を投げかけたり、体に触れたりする行為などは許されません。

セクシャルハラスメントは「パワーハラスメント」と同様、他人の目が届きにくいところで行われる傾向にあります。男性社員をOB訪問した女性の求職者が、夜に酒席への参加を強要されて問題になった企業がかつてありました。

何をもってハラスメントとするかは難しいところですが、重要なことは「相手がどう感じるか」がハラスメントの基準であるということです。採用に関わる人は、求職者が最善の職業選択ができるように支援するという姿勢を徹底しましょう。

# リファレンス・チェック

職業経験のある人材を採用することが中途採用であり、管理職や重役クラスを中途採用することもあります。一方で、職責の重いポストで採用する際は、その人材が期待通りの戦力であるかについて、企業も慎重に見極めたいものです。そのために何度も選考プロセスを重ねようとしますが、適性検査や面接などからでは実際の仕事振りを知ることに限界があります。そこで、採用したい人材に対して、本人の許可を得た上でリファレンス・チェックを行う場合があります。

## リファレンス・チェックとは

「リファレンス・チェック」とは、応募者の元同僚や元上司、取引先などに問い合わせて、応募者の経歴や人柄を確認する手法のことです。以前所属していた職場での仕事ぶりや勤務態度などを、応募者の職務経歴書などと照合（リファレンス）しながら確認（チェック）します。こうすることで、限られた選考プロセスでは見極めきれない応募者の能力や自社への適合度が鮮明になります。リファレンス・チェックには、応募者自身にリファレンス用の資料（推薦文、リファレンスレター）を用意してもらう方法と、採用側が元同僚らに問い合わせる方法があります。

## 目的はあくまで仕事ぶりを知ること

リファレンス・チェックというと、応募者の経歴や申告に虚偽や詐称がないかを調べる「身元調査」と捉える人がいるかもしれません。しかし、リファレンス・チェックでもっとも重視すべきことは、仕事ぶりや勤務態度の裏づけをとることによって、応募者が自社において戦力となりうる人材かを見極めることです。

就職活動において、応募者は採用されたいために、自身の実力や実績について誇張することがあります。採用担当者もそのことは理解しているため、注意深く見極めようとしますが、限界があります。

リファレンス・チェックは、こうした見極めにかける時間やコストを抑え、かつ見極めの妥当性を確認しやすい方法として、外資系企業を中心に日本でも活用されています。

## 応募者のメリットと企業側の配慮

　リファレンス・チェックは、企業側が見極めの妥当性を確認することが主目的ですが、この手法が一般的な米国では、応募者側にもメリットがあると考えられています。それは、応募者側にとっても自らの実力や実績を証明する手段になるからです。選考プロセスでの言動が立証されることになれば、応募者にとって大きなアピールになります。実際に海外では、リファレンス・チェックを受けることは一種のステータスであると捉えられています。

　しかし、リファレンス・チェックが浸透していない日本では、応募者の前職の仕事振りや勤務態度を尋ねることは、プライバシーへの抵触などのデリケートな問題をはらみます。特に退職理由が就職にとって不利と思われる場合、応募者はその関係者と連絡を取ることを望まないでしょう。終身雇用の意識が強い企業において、退職した人を好ましくない人材と捉える傾向があることもリファレンス・チェックの活用を難しくしています。

## One Point CHECK ⑯

**■問題 リファレンス・チェックに関連した、以下の問題を解いてみましょう。**
企業が候補者の経歴や前職での働きぶりを第三者（推薦者）に問い合わせることをリファレンス・チェックと呼びますが、これについて述べた以下の選択肢のうち、もっとも不適切なものを1つ選んでください。

［選択肢］
1.リファレンス・チェックは、ミスマッチを防ぐために行うものである
2.候補者は自分をよく見せようとする傾向があるため、リファレンス・チェックをすることで、より客観的な情報を得ることができる
3.リファレンス・チェックをする際には、候補者本人に気づかれないように、候補者を知る人にアプローチして、秘密裏に情報を収集しなければならない
4.リファレンス・チェックは、候補者本人にとっても自分の能力や実績を証明する手段になりうる

正解：3 ◀

# 第4節 採用と人権

　採用活動では、採用する側の企業が、採用される側の応募者を評価するという
側面が大きいため、企業は応募者の人権を守るように配慮しなければなりません
（➡ P.202 採用とハラスメント）。しかし、いざ人権を守るように配慮しようとす
ると、さまざまな要素について考える必要が出てきます。

## 公正な採用選考の基本

　企業の採用活動に対し、厚生労働省は「公正な採用選考」を実施するよう呼び
かけています。

　つまり採用選考にあたっては、

・応募者の基本的人権を尊重すること
・応募者の適性や能力のみを基準として行うこと

の2つを基本的な事項として重視しています。

　さらに「公正な採用選考」を実施するにあたっては、「応募者に広く門戸を開
くこと（雇用条件や採用基準に合ったすべての人が応募できる原則の確立）」と「本
人の持つ適性や能力以外のことを採用条件にしないこと（就職の機会均等のため
に誰に対しても公正な採用選考を行うこと）」を企業に求めています。

## 公正な採用選考の実践

　「公正な採用選考」には、応募者の適性や能力とは無関係な事柄で採否を判断
しないことが含まれます。たとえば家族状況や生活環境は、応募者にかかわりが
あることなので一見尋ねても問題ないように思われますが、これは「応募者本人」
ではなく「応募者の周囲」に関わることで採否を判断しようとする行為になりま
す。

　応募者本人以外の事柄で採否を判断しないようにするためには、応募者の適性
や能力に関する事柄以外について、情報を収集しないことが求められます。具体
的には、応募に使うエントリーシートなどの書類には家族構成や実家の住所の記
入欄を設けないようにします。中学・高校の新規卒業者に対しては専用の応募書
類が指定され、大学の新規卒業者や中途採用者の履歴書は JIS（日本産業規格）

の様式例に基づいたものを使用することが求められます。

面接の際にも、職務遂行のために必要となる適性や能力を評価する観点からみて、関係のない事柄について質問しないようにします。応募者の基本的人権を尊重して、応募者本人を見極める姿勢で臨み、客観的かつ公平な評価を行うようにします。

## 採用選考時に避けるべきこと

次の①〜③に挙げる事柄を採用選考で行うことは、就職上の差別につながるため、避けなければなりません。

### ①本人に責任のない事項の把握

生まれや家族に関すること、住まいの評判に関することなど、応募者本人では動かしがたい事実を把握することがこれにあたります。それらの中には内定受諾以降、身元保証や人事管理のために必要となる情報もありますが、採用選考の段階では応募者本人ではなく「応募者の周囲」に関わることを評価することにつながり、公正な採用選考を妨げます。

【該当するケース】

- ・本籍・出生地に関すること（「戸籍謄（抄）本」や「本籍地が記載された住民票」の提出などが該当）
- ・家族に関すること（職業、続柄、健康状態、病歴、地位、学歴、収入、資産などが該当）
- ・住宅状況に関すること（間取り、部屋数、住宅の種類、近郊の施設などが該当）
- ・生活環境・家庭環境などに関すること

### ②本来自由であるべき事項（思想信条に関わること）の把握

日本では憲法によって、公共の福祉に反しない限り「思想・良心の自由」が認められています。次のような思想信条にかかわることを採用選考において評価するのは、適性や能力の評価とは異なるため、公正な採用選考とは呼べません。

【該当するケース】

- ・宗教に関すること
- ・支持政党に関すること
- ・人生観、生活信条に関すること
- ・尊敬する人物に関すること（どのような人物であったかという評価が、応募者本人の評価として扱われるおそれがある）

・思想に関すること

・労働組合に関する情報（加入状況や活動歴など）、社会運動に関すること

・購読する新聞・雑誌、愛読書などに関すること（どのようなものを読んでいるかの評価が、応募者本人の評価として扱われるおそれがある）

### ③採用選考の方法として以下を行う

①や②に関する情報を応募書類や面接で直接把握しようとしなくても、間接的に知ろうとする行為や思想信条を侮辱するような行為を選考で行うことは許されません。

【該当するケース】

・身元調査などの実施（「現住所の略図」を入手することも生活環境などの把握や身元調査につながる可能性がある）

・合理的・客観的に必要性が認められない健康診断の実施（トランスジェンダーに対し、裸にするような健康診断を受けさせるなど）

## ダイバーシティ＆インクルージョンの考え方

公正な採用選考が求められている理由は、主に2つあります。1つは少子高齢化に伴う労働人口の減少という現実的な理由、もう1つは、基本的人権の尊重という点で不利益を受けていた人々を、対等な社会の構成員として迎えるという人道的な理由であり、これまでは主に、後者に関わることについて説明してきました。

前者については、特にダイバーシティ＆インクルージョンが問題になります。高度経済成長以降の日本社会において働き手の中心は日本人男性でしたが、今では女性や障害者、外国人、高齢者の雇用が注目されるようになり、人材の多様性（ダイバーシティ）を考慮した採用を行う必要性が生まれました。

しかし、女性や障害者、外国人、高齢者をこれまでの雇用システムに組み込むと、さまざまな不適応が起こります。そこで性別や年齢、国籍、文化、価値観など、さまざまな背景を持つ人材の多様性を認め、その多様な人材を受け入れること（インクルージョン）が可能となる雇用システムを構築することが求められます。これが「ダイバーシティ＆インクルージョン」の考え方です。

ダイバーシティ＆インクルージョンに取り組む企業は、多様な人材が働きやすい環境をつくることに加え、従業員がお互いを認め合いながら一体感を持って働くことを実現しようとしています。

## One Point CHECK ⓱

**■問題** 公正な採用選考に関連した、以下の問題を解いてみましょう。

採用選考の際に聞いてはいけないことを厚生労働省が提示していますが、以下の選択肢のうち、面接での質問内容として問題がないと考えられるものを1つ選んでください。

［選択肢］

1.家族の職業　　　2.愛読書

3.特技　　　　　　4.尊敬する人物

正解：3 ◀

## One Point CHECK ⓲

**■問題** 公正な採用選考に関連した、以下の問題を解いてみましょう。

採用面接を行う際に、応募者に聞いても必ずしも問題にならない質問を1つ選んでください。

［選択肢］

1.「ご両親の出身地はどちらですか」

2.「実家にはご自身の部屋がありましたか」

3.「大学の学費は誰が出してくれましたか」

4.「業務で支障が生じ得る病気をしたことはありますか」

正解：4 ◀

# 女性と採用

　日本では、「女性は家庭を守ること」が常識と考えられていた時代が長く続いた影響で、女性の社会進出が遅れています。男女どちらでもできる仕事なのに女性の求人がない、結婚退職（寿退社）をおそれて女性を正社員で採用しない、給与・昇進・定年について男女間で差を付けるといったことが見られました。

　しかし、女性活躍推進の世界的な動きや女性を新たな働き手とする期待が大きくなったことが、女性の社会進出を後押しし、1985 年に成立した「男女雇用機会均等法」を皮切りに、男女間の雇用格差を解消しようとする政策が採られてきました。

## 雇用における性差別の禁止

　「男女雇用機会均等法」は、雇用の全ての面における性差別の禁止を定めています。採用活動においては、特定の性を排除した求人や、性によって採用プロセスや選考基準を変えることが禁止されています。

　性差別には、その性質によって「直接差別」と「間接差別」があります。当初は直接差別の禁止のみが定められていましたが、その後の法改正で間接差別も禁止されるようになりました。

## 直接差別と間接差別

　「直接差別」とは、性に基づく排除や異なる取扱いが明確に行われている場合の行為を指します。明らかに特定の性を優遇している求人や、男女で選考プロセスが異なるといった、性による異なる取扱いがこれにあたります。採用基準が男女で異なることなども直接差別にあたります。

　「間接差別」は、見かけ上は性差別がないように見えても、運用をみると、性に基づく排除や異なる取扱いが実質上行われている場合の行為を指します。次に示す例がこれにあたります。

## 厚生労働省令で定める措置（間接差別の例）

**①労働者の募集又は採用に当たって、労働者の身長、体重、または体力を要件とするもの**

身長や体重は個人以上に性差の影響が大きく、また体力については機械操作が中心の業務であれば合理性に欠けるとみなされます。

**②コース別雇用管理における総合職の労働者の募集や採用にあたり、合理的な理由がないにもかかわらず転居を伴う転勤を承諾できることを要件とすること**

出産や育児のウェイトが大きい女性にとって負担が重く、そもそも転居を伴う転勤に合理性がないと判断されることもあります。

**③労働者の昇進に当たり、転勤の経験があることを要件とすること**

②と同様に転勤の合理性に欠けていれば間接差別とみなされます。

## ポジティブ・アクション

性差別の禁止は雇用の全ての面が対象となります。そのため、すでに性による偏りのある企業がその偏りを改善するためであっても、特定の性に有利な扱いをすると差別となってしまいます。そこで、男女間の雇用格差の解消を行うため、意図的に女性を優遇して採用・昇進等させること等は、差別には当たらないとされています。これを「ポジティブ・アクション（積極的差別是正策）」と呼びます。

2019年時点では、女性労働者及び女性管理職の割合が4割を下回る場合において、ポジティブ・アクションが認められています。

## 適用除外

採用における性差別は原則禁止ですが、特定の性が従事することに合理性があると認められる職種については、求人で特定の性の排除や性による異なる取扱いをしても差別にはあたりません。これを「適用除外」と呼びます。

### 適用除外となる職業例

| 男性優位が認められるもの | ・守衛・警備員など防犯上の要請によるもの |
| --- | --- |
| 男女で異なる取扱いが認められるもの | ・俳優などの芸術・芸能分野<br>・宗教上、スポーツにおける競技場の理由によるもの<br>・エステティシャンなどの風紀上のもの |

**障害者と採用**

　ダイバーシティに対する理解の浸透と労働人口の減少を背景にして、障害者雇用が注目されています。企業等は社会を構成する労働者の一員として障害者を採用し、障害者は自らの能力開発やキャリア形成を目指して企業などへ就職する流れが作られつつあります。障害者を採用するにあたって整備すべき人事管理や働く環境のポイントについて説明します。

## 障害者雇用の義務

　企業や国、地方公共団体などの事業主は、「障害者雇用促進法」によって、次の対象者を雇用することが義務づけられています。また、その対象となる障害者は、原則として障害者手帳等によって確認するとされています。
①身体障害者（身体障害者手帳の所有者）
②知的障害者（療育手帳、または知的障害者判定機関の判定書の所有者）
③精神障害者（精神障害者健康福祉手帳の所有者）

　全ての事業主は「法定雇用率」以上の割合で、上記の障害者を雇用することが義務づけられています。さらに、障害者雇用を促進するために「障害者雇用納付金」や「障害者雇用調整金」などの制度が設けられています。

## 法定雇用率と実雇用率の算出

　法定雇用率は、2023年4月以降では企業や組織に応じて以下のように定められ、2024年4月以降は段階的な引き上げが予定されています。

### 現在と将来の法定雇用率

| 事業者区分 | 2023年4月以降 | 2024年4月以降 | 2026年7月以降 |
|---|---|---|---|
| 民間企業 | 2.3% | 2.5% | 2.7% |
| 国、地方公共団体 | 2.6% | 2.8% | 3.0% |
| 都道府県等の教育委員会 | 2.5% | 2.7% | 2.9% |

　自社が雇用する障害者の割合（実雇用率）および自社の雇用義務人数はそれぞれ以下の計算で求められます。

> **実雇用率＝障害者の常用雇用労働者数÷総常用雇用労働者数**
> **雇用義務人数＝総常用雇用労働者数×法定雇用率（小数点以下切捨て）**

※常用雇用労働者数のカウントは、週の所定労働時間が30時間以上の労働者を1人、20時間以上30時間未満の短時間労働者を0.5人と算定します。

※障害者の常用雇用労働者数をカウントするにあたっては、重度の身体・知的障害者、および精神障害者は2倍してカウントします。

　実雇用率が法定雇用率を下回った場合、雇用義務人数を満たすように採用を進める義務が生じます。

---

**コラム　　　　　　特例子会社と除外率**

　法定雇用率以上に雇用することが理想的ですが、企業によっては達成することが難しいことがあります。そこで、障害者雇用のための子会社（「特定子会社」）を設立し、親会社と通算して実雇用率を計算できる「特例子会社制度」が設けられています。他にも、グループ企業の実雇用率の通算が認められることもあります。

　また、障害者の就業が困難とされる業種については、雇用義務人数を削除する「除外率」が設けられていました。しかし、ノーマライゼーションの観点から制度としては廃止されており、現在は順次除外率の引き下げおよび廃止が進んでいます。

---

### 雇用義務を果たせない場合

　事業主は、毎年6月1日時点の障害者雇用の状況について、ハローワークに報告する義務があります。

　2024年現在、法定雇用率を満たしていない常用労働者数101人以上の企業には、未達成数1人につき月額5万円の「障害者雇用納付金」を納付することが義務づけられています。一方、法定雇用率を超えて障害者を雇用している企業には、雇用義務を超えた分1人につき月額2万9千円の「障害者雇用調整金」が支給されます。障害者雇用納付金はその原資として活用されます。

　なお、障害者雇用納付金を支払うことによって障害者雇用の義務が免除されるわけではありません。未達成の企業は、引き続き法定雇用率達成に向けての改善が求められます。

　雇用状況に改善が見られない場合、事業主は厚生労働省から勧告を受けます。

それでもなお改善が認められない場合には、厚生労働省によって企業名が公表される可能性があります。

## 障害者雇用のメリット

　障害者雇用については、一般労働者と比較して労働能力の評価が難しい、受入れ体制の整備が必要になるなど、マイナス面に目が向けられがちです。しかし、障害者雇用を進めることは、結果的に一般労働者にとっても職場環境や業務の改善につながります。

　たとえば、車椅子を使っている障害者を採用するためには、障害者が移動しやすいように段差の解消やエレベーターの設置・改良が必要になります。しかし、一般労働者にとってもつまずくおそれのある段差はないほうがいいですし、荷物を運搬する際にエレベーターがあれば仕事が楽になります。

　障害者を受け入れるために、複雑な業務オペレーションを再構築することが必要になる場合もありますが、それは一般労働者にとっては働きやすくなる、企業にとっては業務の改善につながるなどの効果が期待できます。つまり、障害者にとって働きやすい環境は、一般労働者にとっても働きやすい環境であり、労働生産性や従業員満足度を高めることにつながります。

　また、そうした環境整備を進めれば、障害者を貴重な労働力として活用できるようになります。そのことによって、障害者は収入を得てキャリアを積むことができるとともに、税や社会保険等を納める側に回ることで、一般労働者と同じく社会を支える存在となります。

## One Point CHECK ⑲

■問題 障害者雇用に関連した、以下の問題を解いてみましょう。

障害者雇用について述べた以下の選択肢のうち、もっとも適切なものを1つ選んでください。

［選択肢］

1.障害者雇用促進法によって、事業主は障害者を法定雇用率以上の割合で雇用する義務を負うが、雇用義務を果たせない一定規模以上の企業は、義務の代わりに障害者雇用納付金を納める

2.障害者雇用促進法で雇用対象となっている障害者は、原則として障害者手帳等を所有する者に限られる

3.法定雇用率以上に障害者を雇用することが難しい業種においては、一定の割合で法定雇用率を減免する除外率が設けられており、経済界の要請により対象業種を拡大する動きがある

4.実雇用率の計算において、常用雇用労働者数は、週の所定労働時間が30時間以上の労働者を1人、30時間未満の労働者を0.5人として算定する

正解：2 ◀

# 外国人と採用

経済のグローバル化が進展し、日本企業が海外に商機を見出すことは一般的になりつつあります。また、労働力人口の減少により、人手不足が深刻になっています。こうした事態に対し、グローバル化に対応した人材として、さらには国内の労働力を補う人材として、外国人の採用が着目されています。

## 外国人雇用の状況と在留資格

厚生労働省が発表している『「外国人雇用状況」の届出状況まとめ』（2023年10月）によると、国内の外国人労働者数は約205万人となり、届出を義務化した2007年以降、過去最高を更新しました。2014年が約79万人であったことをみると、9年で2.5倍以上になったことになります。

**「外国人雇用状況」の届出状況まとめ**

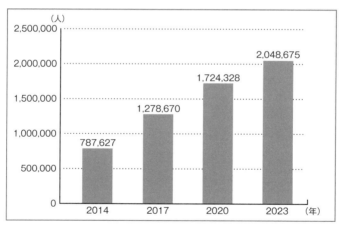

出典：厚生労働省「外国人雇用状況の届出状況（令和5年10月末時点）」より一部抜粋して作成

外国人が我が国に在留するには、外国人が国内で取ることができる活動内容を定めた、何らかの在留資格を取得する必要があります。この在留資格を就労の観点から分けると、次のようになります。

第一は「就労が認められている在留資格」です。これには以下の在留資格があ

ります。外交、公用、教授、芸術、宗教、報道、高度専門職、経営・管理、法律・会計、業務、医療、研究、教育、技術・人文知識・国際業務、企業内転勤、介護、興行、技能、技術実習、特定活動、特定技能1号・2号、技能実習1～3号。

　第二は「原則として就労が認められない在留資格」です。これには文化活動、短期滞在、留学、研修、家族滞在がありますが、留学と家族滞在については、「資格外活動」の許可を受けることで、一定期間の範囲内で就労が可能になります。

　第三は「活動に制限がない在留資格」で、国内で行う活動に制限がないので就労が可能な在留資格です。これには永住者、日本人の配偶者等、永住者の配偶者、定住者があります。多くの日系人や日本人の配偶者が工場や建設現場等で働いていますが、日系人は基本的に永住者あるいは日本人の配偶者等の在留資格を、日本人の配偶者は日本人の配偶者等の在留資格を取得しています。

　外国人雇用というと、正社員として雇用される学歴の高い、専門能力を持った「就労が認められる在留資格」を持つ外国人が想定されますが、日本で働く外国人の中では少数派です。「活動に制限がない在留資格」を持って工場や建設現場等で働く日系人等の外国人が、国内で働く外国人の多数を占めていることを忘れないでください。

## 国内の外国人採用

　国内で外国人を採用することは、「日本と異なる文化的背景を持つ人材を採用する」ことを意味します。外国人求職者の存在が、社内のダイバーシティ＆インクルージョンを促進することが期待されます。外国人を日本文化の中に埋没させるだけではなく、社内に新しい多様な価値観を吹き込める人材として活用していくことが必要です。

　外国人を採用する際に問題となるのが「言葉の壁」です。外国人にとって、日本語を完全に習得するのは容易ではありません。この点を理解していないと、外国人求職者が採用活動において不信感を覚えたり、入社しても社内でコミュニケーションがうまくいかずに離職したりする原因になります。

　さらに外国人は、海外でのビジネス展開を円滑にしてくれる人材として活躍が期待されます。こうした人材は「ブリッジ要員」と呼ばれ、日本と海外の懸け橋となります。近年はアジアを中心にして、日本企業が海外展開を進めている国々から、留学生として日本にやってくる若者が増えています。将来、その若者たちが日本企業に就職し、ブリッジ要員として出身国と日本をビジネスで結びつける

存在となるかもしれません。

## 国外での外国人採用

　海外展開する企業では、海外にある現地法人が現地の外国人を採用しています。国内で働く外国人は日本文化に触れることができますが、現地法人で採用した外国人はそのような経験が十分にできません。また、現地法人はその国の法律に従って運営することが必要になります。現地法人は経営層などを除き、多くの業務を現地の外国人に任せる必要があります。このときに問題となるのが、国内の外国人採用以上に「言葉の壁」が大きいことです。特に採用担当者が日本人の場合、前述のブリッジ要員や通訳を介したとしても、外国人求職者の言葉のニュアンスまで把握することは困難です。この解決方法としては主に2つの方法があります。

　1つは、ブリッジ要員や日本語ができる現地スタッフに、日本式の人事スキルを身に付けてもらうことです。日本人の採用担当者に語学を学ばせるよりも効率的である場合もあります。日本式の人事スキルに詳しい人材に成長したら、その外国人に採用担当者としての仕事を任せることも視野に入れられます。

　もう1つは、適性検査に評価の重点を置く選考を行うことです。そうすれば、「言葉の壁」によって人の見極めが難しい状況を乗り越えられます。

## One Point CHECK ⑳

**■問題 外国人の採用に関連した、以下の問題を解いてみましょう。**
**外国人・留学生の採用・雇用に関して説明した以下の選択肢のうち、明らかに誤っているものを1つ選んでください。**

［選択肢］

1. 出入国管理及び難民認定法（入管法）の在留資格の範囲で、外国人の就労は認められている

2. 在留資格が「留学」や「家族滞在」であっても地方入国管理局で「資格外活動」の許可を得ればアルバイト等を行うことができる

3. 深刻な人手不足の状況に対応するため、一定の専門性・技能を有する「特定技能」の在留資格が2019年に創設された

4. 外国人の応募者については、採用面接の際、国籍を尋ねる質問を行ったり、在留カード等の提示を求めてもよい

正解：4 ◀

218

# 正規雇用と非正規雇用

## 「正規・非正規」という呼称をめぐって

　非正規雇用とは、「パートタイマー」「アルバイター」「有期雇用」「派遣労働者」など、正規雇用以外の雇用形態のことです。日本全体での非正規雇用の比率は総務省の労働力調査などをみると、おおよそ4割程度で長年増加傾向にあります。厚生労働省などの行政はこれらの様々な働き方を一括りに「非正規」と呼ぶことはこの雇用形態で働く人にネガティブな印象を与えるとし、安倍晋三元首相も2016年に「非正規という言葉を一掃する」とまで演説しました。しかしながら、本書は教科書であるため、世の中で用いられている正規・非正規雇用という言葉がどのように使われているのかの説明が必要と考えています。

## 正規雇用と非正規雇用の主な違い

　まず、この雇用形態の名称については、実は法律上の明確な定義があるわけではありません。ですので「慣用的に」用いられているだけとお考えください。

　多くの正規雇用の場合、次の3つの項目を基本的に全て満たしています。それは「期間の定めがない労働契約」「フルタイム勤務」「長期的な観点から育成や処遇を行う」ということです。これに対して、パートタイム労働者、有期雇用労働者、派遣労働者などの、いわゆる非正規雇用と呼ばれる雇用形態の場合は、これらの項目のいずれかが当てはまらないことが多いです。本書では、一般的な理解を促すために「非正規雇用」という言葉を使用していますが、これらの雇用形態で働く方々を不当に低く評価するものではないことをあらかじめお断りしておきます。また、非正規雇用は、正規雇用よりも働く期間や場所などを柔軟に選べることが多い一方、雇用が不安定になりがちな面もあります。

## 非正規雇用の主な分類

　冒頭でも述べたように、非正規雇用には様々な形態がありますが、以下が主なものです。

### ① 契約社員：雇用期間に定めがあるフルタイムの労働者

　明確な定義があるわけではありませんが、専門的能力を要する基幹的職種に、フルタイムで従事する有期契約の労働者を契約社員と呼ぶことが多いようです。そのため労働時間からみても、担当する仕事内容からみても、パート・アルバイト等よりも正規雇用社員に近い非正規雇用社員といえます。

### ② パートタイム労働者：通常の正規雇用社員より短時間労働（パートタイム）

　パートタイムは有期雇用の正規雇用社員より短い時間働く「短時間労働者」を指し、希望の曜日や時間帯を選びやすいなどのメリットがあります。一方で、「労働時間が短いぶん社会保険に入りにくい」という点もあるのですが、社会保険の加入要件が拡大され、以前よりも多くのパートタイム労働者が社会保険の対象となっています。

### ③ 派遣労働者：勤務先ではなく、派遣業者と労働契約を結んで働く

　派遣労働者の場合、雇用契約を結ぶ相手は実際に勤務する会社（派遣先）ではなく、労働者派遣事業を行う業者（派遣元企業）です。派遣労働の場合、さまざまなところで働く機会がある、勤務時間や勤務地などの条件で希望を叶えやすいなどのメリットがあります。一方、派遣労働者が同じ派遣先で働ける期間は原則として3年まで（いわゆる「派遣3年ルール」。労働者派遣法35条の3）ですので、気に入った職場でも長期間とどまれない可能性があるなどのデメリットもあります。

　ちなみに、雇用ではありませんが、業務委託やフリーランス（≒個人事業主）という働き方も近年では増えてきています。フリーランスとは会社や組織に属さずに個人として業務を請け負う働き方のことです。業務委託は案件ごとにクライアント（発注側）がフリーランスなど（受注側）に業務を委託する契約方法のことです。雇用契約との違いは、仕事をもらう会社からマネジメントされるかどうか（使用従属性）です。基本的に業務委託契約は雇用契約と違ってマネジメント（指示・命令）を受けることはなく、結んだ契約業務を実施すればよいという関係です。また、受注側は労働者ではないため、労働基準法は適用されません。

### 「不本意非正規雇用者」の問題

　非正規雇用は、様々な限定付きの働き方であり、人によっては自分のしたい自

由な働き方（たとえば、週3日だけ、1日4時間だけ働く等）ができる雇用形態です。一方で、正規雇用よりも賃金が低くなりがちですし、雇用も不安定になりがちです。このデメリットを承知の上で、非正規雇用者になっているのであれば何も問題はないのですが、「本当は正規雇用になりたいのに、非正規雇用でしか雇ってもらえていない」という不本意非正規雇用は大きな問題であると思われます。売り手市場が続く中、この不本意非正規雇用者は減少傾向にはありますが、まだまだ解決されていない課題です。

# 第9節 採用に関する法的ルール

　労働契約の締結は当事者の意思にゆだねられているため、採用の人数や方法などは原則として企業の自由です。しかし、いくら自由とはいえ、企業には公正を期した採用が求められ、求職者に対する権利侵害や差別等、公序良俗に反する採用活動等が法令によって規制されています。

## 採用・選考に関するルール

　厚生労働省は、雇用政策として採用・選考に関するルールを明示しています。

### ①募集・採用における年齢制限の禁止について

　労働政策総合推進法によって、求人の募集および採用について、年齢に関わりなく均等な機会を与えなければならないとされ、年齢制限が原則禁止されています。求人票では年齢不問としながらも年齢を理由に応募を断ったり、採否を決定したり、本人の希望なく年齢を理由に雇用形態や求人条件を変更したりする行為は原則として認められません。

　一方で、高年齢者雇用安定法（第20条第1項）は、例外的に年齢制限を認める場合を定めています。要点を以下に挙げますが、具体的なケースやQ&Aは、厚生労働省がホームページ等で公開しています。

【年齢制限禁止の例外が認められるケース】

・定年年齢を上限とした無期雇用

　　例）定年60歳の企業が「60歳未満」で募集する。

・労働基準法その他の法令による年齢制限

　　例）「労働基準法第62条」で定める危険有害業務について18歳以上を条件とする。

・長期勤続によるキャリア形成を前提とした若年層の無期雇用

　　例）卒業見込者（新卒採用）を募集する場合、職務経験を不問とすることを条件として、上限年齢を設ける。

・技能・ノウハウの継承を目的として、特定の職種において、社員が相当程度少ない特定の年齢層を充当するための無期雇用

　　例）30歳代の技術者が他の年齢層と比べて半数以下である場合に、30歳

代限定で募集する。

・芸術・芸能分野において表現の真実性が求められる場合

例）演劇における子役を小学生以下で募集する。

・60歳以上の高齢者または特定の年齢層の雇用を促進する政策に準拠

例）特定求職者雇用開発助成金の対象者として、60歳以上65歳未満の人を募集する。

②募集・採用における性別による差別の禁止について

男女雇用機会均等法により、求人の募集および採用において、性別による差別が原則禁止されています。詳しくは第5節の「女性と採用（➡ P.210）」を参照してください。

③公正な採用選考について

就職の機会均等を確保するために、応募者の基本的人権を尊重した公正な採用選考が要請されています。詳しくは第4節の「採用と人権（➡ P.206）」を参照してください。

④募集・採用における障害者への差別禁止と合理的配慮の提供について

障害者雇用促進法（第34条）は、事業主が労働者の募集及び採用において、障害者であることを理由に差別することを禁止しています。また、同法（第36条の2）は、事業主に対して、障害者から申出等を受けた場合、合理的な配慮の提供を義務づけています。このほかの障害者雇用に関する事柄については、第6節の「障害者と採用（➡ P.212）」を参照してください。

## 労働法

「労働法」は、労働関係および労働者の地位の保護・向上を規定する法の総称で、関連法も含めれば膨大な数にのぼります。採用の時点では関係のないものでも、労働契約締結（内定受諾を含む）後には遵守する義務が生じます。採用時に労働法に違反する契約を結ばせることも禁止されています。

| 法令名（通称） | 概要 |
|---|---|
| 労働基準法 | 労働条件の最低基準（労働基準）を定める。 |
| 労働契約法 | 労働契約に関する基本的な事項を定める。 |
| 職業安定法 | 求職者の「職業選択の自由」を尊重しつつ、職業紹介や労働者供給について定める |
| 男女雇用機会均等法 | 男女の雇用の均等及び待遇の確保等を目標とする。 |
| 障害者雇用促進法 | 障害者の雇用の促進について定める。 |
| 労働政策総合推進法<br>（旧：雇用対策法） | 労働政策全般の国の政策責務や方針を定める。 |
| 高年齢者雇用安定法 | 高年齢者（55歳以上）の安定した雇用の確保・促進を定める。 |
| パートタイム・<br>有期雇用労働法 | 短時間労働者、有期雇用労働者の雇用管理等について定める。 |
| 最低賃金法 | 労働基準のうち、地域や産業による最低賃金基準を定める。 |

## 労働契約締結に関するルール

　労働法は、労働契約において労働者側を保護するため、企業などの事業主に義務や制約を設けています。ここでは採用に関係の深いものを取り上げます。

### ①労働条件の明示

　労働基準法（第15条）は、労働契約の締結に際し、雇用者（事業主）が被雇用者（労働者）に対して賃金、労働時間その他の労働条件を明示する義務を定めています。明示内容には「絶対的明示事項」と「相対的明示事項」の2つがあり、昇給に関することを除いた「絶対的明示事項」は書面で明示する義務があります。

　このとき、外国人労働者に対して書面を提示する場合、当該外国人が理解できる内容である必要があります。

　労働契約締結後に、実際の労働条件が明示されていた労働条件と異なると判明した場合、労働者から即時に労働契約を解除できます。その際、就業のためにかかった費用（引越し代など）を事業主側は負担しなければなりません。

### ②雇用期間による被雇用者の分類

　労働契約の期間については、期間の定めのない「無期雇用」と、期間の定めのある「有期雇用」に大別されます。前者は正社員などの正規雇用、後者は契約社員やアルバイトなどの非正規雇用を指すことが多いといえます。有期雇用は原則として3年を超えた期間の契約ができませんが、専門性の高い分野で専門家を採

## 主な「絶対的明示事項」と「相対的明示事項」

| 絶対的明示事項 | 相対的明示事項 |
|---|---|
| ・労働契約の期間<br>・有期契約の場合の契約更新基準、更新上限の有無（上限がある場合、更新回数または通算契約期間の上限）<br>・無期転換申込機会・無期転換後の労働条件<br>・就業の場所および従事すべき業務の範囲、業務の変更の範囲<br>・始業および終業時刻、残業の有無、休暇など時間に関する事項<br>・賃金の額、算定方法、支払に関する事項<br>・退職（解雇）に関する事項 | ・退職手当に関する事項<br>・臨時に支払われる賃金（退職手当を除く）、賞与および最低賃金額等<br>・業務において労働者の負担する実費に関する事項<br>・安全および衛生に関する事項<br>・職業訓練に関すること<br>・災害補償および業務外の傷病扶助に関する事項<br>・表彰および制裁に関する事項<br>・休職に関する事項 |

用する場合や、満60歳以上の人材を採用する場合は5年を上限に有期契約が可能です。有期雇用契約の更新により、通算5年を超えて同一の企業で勤める被雇用者は、無期雇用への転換を事業者に請求することができます。

### ③契約締結後でも無効になる事項

労働契約法では、労働契約締結において、被雇用者側が不利と思われる事柄は、たとえ被雇用者側が同意して締結しても無効とされています。

・労働契約の不履行（内定辞退など）における賠償金の設定

・雇用者からの借金を、将来の賃金で弁済する約束

・賃金の強制的な委託管理（指定の金融機関での預貯金など）

なお、2024年4月からは「労働基準法施行規則」「有期労働契約の締結、更新及び雇止めに関する基準」の改正により、労働条件明示のルール変更がありました。すべての労働者に対しては労働契約の締結時と有期労働契約の更新時に「就業場所・業務の変更の範囲」を、有期契約労働者には有期労働契約の締結時と更新時に「更新上限の有無と内容」を明示することが追加されました。さらに、有期契約労働者には無期転換ルールに基づく無期転換申込が発生する契約の更新時に「無期転換申込機会」や「無期転換後の労働条件」も明示することとなりました。

　自社の社員としての適性を判断するために、入社後に見習期間を設けることがあり、これを「試用期間」と呼んでいます。業務に携わらせることで自社への適合度を見極め、試用期間後の本採用を行うものです。

　試用期間といっても、れっきとした自社の社員であるため、各種社会保険への加入や解雇の制限、退職の権利などは本採用の社員とほぼ同等です。

　一方、試用期間が終了した後、双方から特に申し出がなければ自動的に本採用へ移行します。しかし、企業が本採用を拒否した場合、通常の解雇より広い解雇事由が認められるものの、解雇にあたるため客観的かつ合理的な理由が必要になります。

## One Point CHECK ㉑

■問題 労働法に関連した、以下の問題を解いてみましょう。
労働時間や休日について述べた以下の選択肢のうち、もっとも適切なものを1つ選んでください。

［選択肢］

1.実労働時間とは、使用者の指揮命令にしたがって実際に労働している時間であるため、有給休暇は含まれない

2.1日の労働時間が4時間を超える場合は45分、8時間を超える場合は1時間の休憩を与えなければならない

3.週休二日制と完全週休二日制は同じ意味のものなので、求人票の記載等ではどちらの表記を使っても差し支えない

4.中小企業においては、時間外労働が週45時間を超える場合は25%以上、60時間を超える場合は30%以上の割増賃金を払わなければならない

# 採用力検定 基礎 問題集

過去に出題された問題や、想定問題を掲載しています。
1章〜9章に記載していない、採用にかかわる人は知っておきたい労働法や働き方等に関する問題もご用意しました。244ページ以降の、解説を参考に1章〜9章とあわせて理解し、学習にお役立てください。

※設問は刊行当時の情報をもとに作成しています。

## 問題1

採用にあたっては、社内外の状況や経営計画を踏まえて、「採用したい求職者」の特徴（能力や志向性等）を定義することが大切です。このように定義された特徴を、一般的に何と呼びますか。正しいものを一つ選んでください。

[ 選択肢 ]

1. 求人票
2. ジョブ・ディスクリプション
3. 人材ポートフォリオ
4. 人材要件

## 問題2

日本企業の新卒採用の一般的な特徴として指摘されていることは何でしょうか。最も正しいものを一つ選んでください。

[ 選択肢 ]

1. 入社後の育成を前提にポテンシャルを評価する
2. 入社後すぐにパフォーマンスを上げる即戦力を重視している
3. 入社後に配置する職場を決めている
4. 入社後の仕事内容を明確にしている

## 問題3

採用プロセスにおいて、「リアリスティック・ジョブ・プレビュー」（RJP）が重要だと言われます。RJP について書かれた文章として、最も<u>不適切</u>なものを一つ選んでください。

[ 選択肢 ]

1. RJP とは、その会社の現状を正確に示す情報を、求職者に事前に通知することを指す
2. 企業は求職者に自社の良い面を示そうとする傾向があるが、RJP においては良くない面についても伝えることが、重要になる
3. RJP を実施することによって、求職者の入社後に対する期待を高めることができ、志望度も高まる

4. 求職者は RJP を実施する企業に対して「真摯な企業だ」との肯定的なイメージを持つと言われている

**問題4**

採用面接に際して、先入観を持って応募者のことを評価するのは避けたいところです。先入観を防ぐために最も有効な方法を一つ選んでください。

[ 選択肢 ]

1. 先入観を持って判断してはいけないと注意深く意識する
2. 先入観につながりかねないので、適性検査等の情報を事前に受け取らない
3. そもそも先入観は排除できないものだと諦める
4. 自分がどのような先入観を持っているかを把握するようにする

**問題5**

採用選考の際に聞いてはいけないことを厚生労働省が提示しています。次のうち、問題ない質問はどれでしょうか。一つ選んでください。

[ 選択肢 ]

1. 「尊敬する人物は誰ですか？」
2. 「ご家族はどのようなお仕事をされていますか？」
3. 「出身高校はどこですか？」
4. 「愛読書は何ですか？」

**問題6**

「志望度」「関心度」「適応予想度」を高めることは、応募者が入社を決意するにあたっての重要な要因となります。これらを解説した文章の中で、最も不適切なものはどれですか。一つ選んでください。

[ 選択肢 ]

1. 志望度とは、会社に入社したいことを上手く語れる程度である
2. 関心度とは、会社のことを知りたいと思う程度である
3. 適応予想度とは、入社後に自分が適応する姿が想像できる程度である
4. 一般的に、関心度、志望度、適応予想度の順に高めていくことが望ましい

229

## 問題7

近年、応募者に対する「オワハラ」が問題視されています。オワハラについて書かれた文章のうち誤っているものを一つ選んでください。

[ 選択肢 ]

1. オワハラとは、企業が応募者に対し、就職活動を終わらせるように強要することである
2. オワハラを受けた内定者は、その企業に対する志望度を低減させることになる
3. オワハラが生まれる原因の一つは、候補者が正直に志望度について話せる信頼関係を採用担当者が作れていないことである
4. オワハラの基準は法的に決まっており、企業はその基準をしっかりと理解することが求められる

## 問題8

人事が果たすべき①から⑥までの6つの機能は何と呼ばれていますか。名称の正しい組み合わせを一つ選んでください。

・（①）：企業外部に必要な人材を求めて、社内にとり入れる活動
・（②）：企業内部の人材を、業務で必要な特性を持つ人材に変化させる活動
・（③）：企業内部の人材を、社内の業務やポジションとマッチングする活動
・（④）：ミッションや目標、行動、成果の達成度に基づいて人材価値を評定する活動
・（⑤）：一定期間の評価に基づき、人材に配分する価値（利益）を決める活動
・（⑥）：企業内部にいる人材に外部へ退出してもらう活動

[ 選択肢 ]

1. ①採用、②配置、③評価、④育成、⑤報酬、⑥代謝
2. ①採用、②育成、③配置、④評価、⑤代謝、⑥報酬
3. ①採用、②配置、③代謝　④育成、⑤報酬　⑥評価
4. ①採用、②育成、③配置、④評価、⑤報酬、⑥代謝

## 問題9

応募者に本音を語ってもらうためには、どのような方法が有効ですか。最も効果的なものを一つ選んでください。

［選択肢］

1. 聞き出したいことについては、角度を変えながら質問を何回も繰り返し行う

2. 面接官やリクルーター自身の自己開示を応募者に先んじて行う

3. 応募者にプレッシャーを与えて本音を語るよう誘導する

4. 矢継ぎ早に質問をすることで、応募者に考える隙を与えないようにする

## 問題10

自社が採用したいと思う人材の要件をまとめるにあたっては、要件をできる限り少なく絞った方が良いと考えられています。その理由として、最も不適切なものを一つ選んでください。

［選択肢］

1. 多くの要件を全て満たす人を探そうとすると、対象となる求職者が広がってしまう

2. 多くの要件を同時に満たす人材は多くの企業が求めるため、人材獲得の競争に巻き込まれてしまう

3. 要件を沢山挙げて採用を行うと、似たような人材が集まることになって、人材の多様性が減少し、会社の変化対応力が衰えてしまう

4. 多くの要件を満たす人材を見つけることは簡単ではない

## 問題11

採用プロモーションは、ターゲットを特定して会社側からアプローチする「PUSH型」と、広く公募して求職者を集める「PULL型」とに大別できます。会社の採用ブランドの高低によらず、採用担当者の力量によって成果が出やすいのは「PUSH型」と「PULL型」のどちらでしょうか。以下から最も適切なものを一つ選んでください。

［選択肢］

1. PUSH型

2. PULL型

3. PUSH型とPULL型に差はない

**問題12**

採用を効果的に進める手法の一つとして「セルフスクリーニング」があります。セルフスクリーニングについて書かれた次の文章のうち、最も<u>不適切</u>なものを一つ選んでください。

［ 選択肢 ］

1. セルフスクリーニングは自己選抜と訳され、応募者が自ら「その会社に自分が合っているか」を判断することを意味する

2. 求職者がセルフスクリーニングを行うことで、企業は、自社に合った応募者を増やし、説明会や選考を効率化できる

3. セルフスクリーニングを上手く機能させれば、求職者は、自分に合わない企業の選考をたくさん受けずに済む

4. 上手くセルフスクリーニングを作動させることができれば、応募者を沢山集めることができるようになる

**問題13**

採用サイト（ナビサイトや企業サイト）について書かれた文章のうち、最も正しいものを一つ選んでください。

［ 選択肢 ］

1. 採用サイトに沢山の情報を掲載するほど、求職者にとって判断する材料が増えるため、多くのエントリーを集めることができる

2. 求職者は、求職活動の初期段階から一つ一つの採用サイトを吟味し、自分に合っているかどうかを、時間をかけて慎重に検討した上で、企業の選考に参加する

3. 求職活動の初期段階において、求職者が自社に対して高い関心を持っていないことが予想される場合は、採用サイトに載せる（求職者の目に入る）情報を絞り込む必要がある

4. デザインを凝ることで、あらゆる求職者に隅々まで情報を読んでもらうことができる

**問題14**

エントリーをやみくもに沢山集める採用手法には、いくつかの問題点が指摘されています。この問題点を説明する以下の記述の中で最も不適切なものを一つ選んでください。

[ 選択肢 ]

1. 企業と応募者の接触時間が短くなるため、応募者の会社理解や志望動機の醸成が進まない

2. 自社が望む要件を持たない応募者が多く集まりやすい

3. 多くの応募者を落とした事実が求職者の間で広まり、翌年のエントリー人数が減ってしまう

4. 応募者が一社一社のことを調べる時間が十分に確保できない

**問題15**

採用面接においては、「短期間の出来事」のエピソードよりも「長期間にわたる出来事」のエピソードを聞く方が良いとされています。その理由として最も正しいものを一つ選んでください。

[ 選択肢 ]

1. 応募者が思い出しやすいエピソードであるから

2. 再現性のある能力や性格を把握できるから

3. 応募者のストレス耐性を最もよく評価できるから

4. 応募者にとって愛着のあるエピソードである場合がほとんどだから

**問題16**

「内定」について説明した文章のうち、最も適切なものを一つ選んでください。

[ 選択肢 ]

1. 内定とは、特定日から労働の権利と義務が生じる、求職者と企業の合意である

2. 内定は仮の採用決定であるため、企業は自由に取り消すことができる

3. 内定は仮の採用決定であるので、企業は事前に通知すれば自由に取り消すことができる

4. 内定を受諾したとしても、まだ入社していないので、自社の社員の扱いにはならない

## 問題17

新卒採用において、求職者にエントリーシートの提出を義務付けることは半ば慣例となっていますが、そのことには問題があるという指摘があります。エントリーシートがもたらす問題についての以下の記述のうち、最も不適切なものを一つ選んでください。

［ 選択肢 ］

1. エントリーシートは、読み込む手間や負担が大きい割には、会社側が得られる情報に限りがある
2. 求職者がエントリーシートを作成するためには多くの時間が必要であり、学業を阻害する原因の一つになっている
3. エントリーシートはエントリー直後のスクリーニングにしか使えず、採用面接時の効果的なツールとは言えない
4. 対策本や添削者が介在する可能性があるため、本人の考えが正しくエントリーシートに反映されているとは限らない

## 問題18

採用面接において面接官は、応募者と良好な関係をつくる、話す内容や話し方を観察して応募者の適性を見極める等、様々な役割を要求されています。そのような状況のなかで面接官が適切に面接を行うためにとるべき行動は何ですか。最も適切なものを一つ選んでください。

［ 選択肢 ］

1. 能力を見極めることだけでなく、応募者の志望度を高めることに注意を払う
2. 応募書類の情報を事前に読み、先入観を働かせて効率的に判断する
3. 短時間で能力を見極めるために、応募者に対して厳しい質問を必ず入れるようにする
4. 面接は最初の印象が大事なので、応募者が部屋に入ってからの1分以内の評価を重視する

## 問題19

内定を承諾した労働者が入社を辞退することを、企業側は拒むことができますか。以下から最も適切なものを一つ選択してください。

［選択肢］

1. 原則として拒むことができる

2. 事前に通知がない場合には拒むことができる

3. 内定辞退によって被る損害があるときには、拒むことができる

4. 原則として拒むことはできない

## 問題20

日本企業の雇用スタイルは「メンバーシップ型」、欧米先進国企業は「ジョブ型」の傾向が強いと言われています。以下の文章のうち、ジョブ型と対照的なメンバーシップ型の特徴を表すものとして、最も不適切なものを一つ選んでください。

［選択肢］

1. 社員の雇用を守ろうとする企業の意識が強い

2. 社員は自分のキャリアは自分で作るという意識が強い

3. 採用にあたって企業は、求職者のポテンシャルを重視する傾向が強い

4. 賃金を仕事に基づいて決める傾向が弱い

## 問題21

新卒採用の場合に、企業による内定の取り消しが認められる、内定者に関わる理由として、最も適切なものを以下から一つ選んでください。

［選択肢］

1. 内定者の学校での学業成績が悪い

2. 内定者の健康状態が悪化した

3. 内定者が犯罪行為を行った

4. 内定者が予定していた時期に卒業できなかった

## 問題22

採用面接の一つの方法として「圧迫面接」と呼ばれるものがあります。圧迫面接について書かれた次の文章のうち、最も正しくないものを一つ選んでください。

［選択肢］

1. 圧迫面接の方法としては、応募者が答えにくい質問をしたり、応募者に対して威圧的な反論をしたりすることが挙げられる

2. 圧迫面接は、応募者を心理的に傷つける恐れがある

3. 圧迫面接を行えば、応募者の業務上のストレス耐性を正確に測ることができる
4. 面接官が意図していなかったとしても、応募者は圧迫面接だと感じることがある

## 問題23

新しい人材を職場で受け入れ、適応・定着を促すプロセスのことを何と言いますか。正しいものを一つ選んでください。

[ 選択肢 ]

1. ウェルカムボード
2. エフェクチュエーション
3. オンボーディング
4. コーゼーション

## 問題24

次のうち、厚生労働省が発表する「有効求人倍率」の説明として、最も<u>不適切</u>なものを一つ選んでください。

[ 選択肢 ]

1. 有効求人倍率とは、公共職業安定所に登録する求職者数に対する、企業からの求人数の割合を指す
2. 有効求人倍率が1を下回ると、求職者数が求人数を上回っている
3. 有効求人倍率は新規学卒者を含んだ指標である
4. 一般的に好況になると有効求人倍率は上昇する

## 問題25

自社の社員などの推薦・紹介を通じて人材を採用する方法を一般的に何と言いますか。正しいものを一つ選んでください。

[ 選択肢 ]

1. オープンマインドリクルーティング
2. フレンドリクルーティング
3. リクルーティングマーケティング
4. リファラルリクルーティング

**問題26**

日本型の人事管理の特徴を説明する文章として、最も<u>不適切</u>なものを一つ選んでください。

［選択肢］

1. 新規学卒者を採用し、多くの場合、最も下位の等級の仕事に配置する
2. 上位等級の社員に欠員が出ると、中途採用で人材を確保する
3. 業務の変動に合わせて人事異動等によって人材を柔軟に配置する
4. 景気変動に対応できるように、残業を前提に要員を決めている

**問題27**

日本企業における仕事配分の一般的な特徴について説明した文章として、最も<u>不適切</u>なものを一つ選んでください。

［選択肢］

1. 先に職務内容を設計した上で、その職務に合う人を探していく
2. 仕事内容が厳密には規定されていない
3. 周囲と連携して仕事を柔軟にこなすことが求められる
4. 様々な職務を担える人材が求められている

**問題28**

採用方法の分類について書かれた次の文章のうち、最も正しいものを一つ選んでください。

［選択肢］

1. 欠員が発生してから採用する欠員補充型の採用では、主に新規学卒者の採用が行われる
2. 中長期の採用計画に基づく計画採用では、経験者を即戦力として採用することが多い
3. 欠員補充型の採用は一般的に随時採用ないし不定期採用となるが、計画採用は定期採用となる
4. 計画採用であっても随時採用であっても、募集手段や選考プロセスは同一であることが望ましい

## 問題29

女性の少ない職域等への女性の進出を促進することを目的に、女性を優先する募集・採用を行うことが認められています。このことを何と呼びますか。正しいものを一つ選んでください。

［選択肢］

1. 女性活躍推進策
2. ポジティブ・アクション
3. 男女雇用機会均等策
4. ダイバーシティマネジメント

## 問題30

日本の大卒ホワイトカラーの昇進には、欧米先進国とは異なる特徴があります。その特徴の説明として最も正しいものを一つ選んでください。

［選択肢］

1. 昇進を決める際に学歴が重視される
2. 昇進のスピードが遅い
3. 採用時から昇進する者と昇進しない者を区別している
4. 昇進に際して上司との関係性が重要となる

## 問題31

会社や上司から期待された仕事上の責任を果たそうと思うと、仕事以外の生活でやりたいこと、やらなければならないことに取り組めなくなる状態を一般的に何と言いますか。正しいものを一つ選んでください。

［選択肢］

1. キャリア・アンバランス
2. ワーク・ライフ・コンフリクト
3. ライフサティスファクション
4. プライベートジレンマ

## 問題32

「ワークサンプル」という選考手法があります。その説明として、正しいものを一つ選んでください。

［選択肢］

1. 応募者に実際に入社後にする仕事をしてもらって、その成果を評価すること
2. ケーススタディなどで仕事に対する姿勢を採用面接において尋ねること
3. 事前に仕事内容を説明し、それに対する応募者の反応を確かめること
4. 現場の社員が行う仕事の様子を応募者に見せること

## 問題33

特に新卒採用において、企業の応募者を評価する基準が曖昧なものになりやすいことが指摘されています。その理由として、最も不適切なものを一つ選んでください。

［選択肢］

1. 入社後、様々な仕事を経験するため
2. 入社後にどのようなキャリアを歩むのか明確ではないため
3. 応募者が自身のキャリア設計に関心を持っていないため
4. 入社後、社内教育等を通して適性を見きわめ担当の仕事分野を決めるため

## 問題34

求職者が重視することは採用プロセスの段階によって異なります。その点に関する説明として最も不適切なものを一つ選んでください。

［選択肢］

1. 選考にエントリーする段階では、求職者は自分と企業が合っているかどうかを重視する
2. 採用プロセスの初期と後期を比較した場合、求職者は初期のプロセスにおいて採用手続きが公正に行われているかを重視する
3. 内定の受け入れを決める段階では、求職者は会社や仕事の特徴を吟味することを重視する
4. 求職者は、採用プロセスの前半ではイメージ先行で企業を評価するが、後半になるほど具体的な点を精緻に評価するようになる

## 問題35

応募者の採用決定をゆがめる、面接官の陥りやすい傾向を説明する記述として、最も不適切なものを一つ選んでください。

［選択肢］

1. 面接官は、応募者の身振り、表情等の非言語的な情報の影響を受けず、応募者の言葉から採用の判断をする傾向がある
2. 面接官は、面接開始後のわずかな時間で採用／不採用の決定を下す傾向にある
3. 面接官は事前に持った応募者のイメージを強化する情報を集める傾向にある
4. 面接官は、誤って自社に合わない人を採用するリスクを恐れ、減点方式の評価をとりがちである

## 問題36

採用面接を行う際に、応募者に聞いても必ずしも問題にならない質問を一つ選んでください。

［選択肢］

1. 「実家には自分の部屋はありましたか」
2. 「学費は誰が出してくれましたか」
3. 「業務で支障が生じ得る病気をしたことはありますか」
4. 「ご両親の出身地はどちらですか」

## 問題37

採用面接の精度を高める方法に関する以下の文章のうち、最も不適切なものを一つ選んでください。

［選択肢］

1. 事実に基づく情報を集めることができるインタビュースキルを身につけることが重要である
2. インタビューで集めた情報から応募者がどんな人であるかを見立てるためには、人を表現する言葉をたくさん知り、その定義を明確にして用いることが重要である
3. 面接官は、自分の性格や能力の特徴を意識した上で面接に望んだ方が良い
4. 先入観によらない面接にするためには、面接の経験を積むことが有効である

## 問題38

採用面接において、過去のエピソードを聞く際に注意しなければならない点があります。その説明として最も不適切なものを一つ選んでください。

［選択肢］

1. 面接官は、自分の評価結果を裏付けるエピソードを聞くべきである
2. エピソードから応募者の行動や思考の特性を見出すことに注意を払うことが重要である
3. 仕事の多くはチームワークを必要とされるため、人との関わりを含むエピソードを聞く方がよい
4. 「短期間の出来事」より「長期間にわたる出来事」を聞く方がよい

## 問題39

面接官が採用面接において、応募者に質問する際に注意すべき点について書かれた文章として、最も不適切なものを一つ選んでください。

［選択肢］

1. 応募者は自分の話をする際に曖昧な表現をするので、具体的に把握することを心がけて質問すべきである
2. 応募者が行ってきたことの難易度を測るために、候補者のエピソードの内容をできるだけ定量的に把握すべきである
3. 過去に実現した結果に焦点を当てて応募者を評価すべきであり、結果を生み出す過程に惑わされないようにすべきである
4. 好きなことで頑張れるのはある意味当然とも言えるので、義務で行ったことや偶然任されることになったことなどについても質問するべきである

## 問題40

採用面接における時間の使い方として、最も不適切なものを一つ選んでください。

［選択肢］

1. 面接の初めに応募者の緊張を解くアイスブレークの時間を取る方が良い
2. グループ面接の際には、各応募者に時間を平等に振り分けることに特に注意を払わなければならない
3. 面接は企業と応募者の相互評価の場であるから、応募者から企業に質問する時間も十分に取るべきである
4. 採用評価をするための応募者に関する事実情報の収集に多くの時間を使うべきである

## 問題41

「正社員」は法律でどのように規定されていますか。この点について説明した文章として、最も適切なものを一つ選んでください。

[ 選択肢 ]

1. 法律では「正社員」とは無期雇用の社員として規定されている
2. 法律では「正社員」とは無期雇用で、フルタイムで働く社員として規定されている
3. 法律では「正社員」とは、雇用期間が一年以上で、フルタイムで働く社員として規定されている
4. 法律に「正社員」の規定はなく、「正社員」とは企業が使う通称である

## 問題42

企業は法定雇用率を上まわる障害者を雇用することが義務づけられています。現行の法定雇用率に最も近い数値を一つ選んでください。

[ 選択肢 ]

1. 2.0％
2. 2.5％
3. 3.0％
4. 3.5％

## 問題43

労働時間の把握が難しいことから、外回りの多い営業社員に「事業所外労働のみなし労働時間」を適用している企業が多くあります。この「みなし労働時間」と時間外手当について説明した以下の文章の中で、最も適切なものを一つ選んでください。

［ 選択肢 ］

1. 実際の労働時間が問題にならないため、企業は時間外手当を一切払う必要はない

2. 営業手当等の手当を払っているので、企業は実際の労働時間にかかわらず時間外手当を払う必要はない

3. 「みなし労働時間」が法定労働時間を超えている場合には、企業は時間外手当を支払わなければならない

4. 「みなし労働時間」の適用は、企業の判断で自由に決めることができる

## 問題44

会社から新卒採用応募者の OB 訪問への対応を依頼された社員が、最も取るべきではない行動を一つ選んでください。

［ 選択肢 ］

1. 現場で日々起きていることや自分が感じていることを、できるだけリアルに伝えるように心がける

2. OB 訪問してくれた相手への敬意を忘れずに、礼儀やマナーに注意して接する

3. 日常業務に支障をきたさぬよう、また、応募者とフランクな話ができるよう、仕事が終わったあとの夜の時間帯に居酒屋等で面談を実施する

4. 良い話だけでなく、問題点や課題なども含めて、会社の現状をできる限り事実に基づいて応募者に伝える

**問題1**　　正解：4

採用したい人材の要件を設定することは、自社が求める人材を決める重要な作業です。自社で働く上で欠かせない「必須要件」、不可欠ではないが、あると望ましい「優秀要件(歓迎要件)」、「ない」方が望ましい「ネガティブ要件」、一般的には重視されるが自社では問わない「不問要件」に分けて、人材要件を設定すると良いでしょう。

**問題2**　　正解：1

日本の新卒採用は、入社後に「育成」を行うという暗黙の契約を組み込んでいます。そのため、必ずしも「即戦力」の人材を求めてはいません。育成前提の採用は日本型人事管理のコアであり、日本の失業率が国際的に非常に低いことに貢献しているとも考えられています。

**問題3**　　正解：3

会社の現状を正確に示す情報を、求職者に良い面も悪い面もあわせて事前に通知することを「リアリスティック・ジョブ・プレビュー」(RJP)と呼びます。企業が採用プロセスの中でRJPを行うことで、求職者の入社後に対する期待を「現実的なもの」にすることができ、入社後の離職意思を低減させる効果があることが分かっています。

**問題4**　　正解：4

注意深く意識しようという気持ちだけでは、先入観の表出は防ぎにくいものです。また、先入観を無理に抑え込もうとしないことが肝要です。抑え込もうとすると、かえって先入観がリバウンドしてしまうことが知られています。むしろ有効なのは、自分の先入観をできる限り理解することです。そのために、同じ人を複数の面接官で評価し、評価内容について議論をすると良いでしょう。なお、事前に情報を受け取らないことに一定の有効性はありますが、それでも先入観は残ります。

**問題5**　　正解：3

生活環境や家庭環境に関する質問や、尊敬する人物や愛読書に関する質問をする

ことはNGです。面接官に差別の意図がなかったとしても、応募者側が差別だと受け止めかねない質問は避けましょう。応募者の基本的人権を尊重し、応募者の能力・適性のみを基準として採用活動を行わなければなりません。

### 問題6　　正解：1

採用プロセスを通じて「志望度」「関心度」「適応予想度」を高めることが大切です。志望度は「その会社に入社したいと思う程度」を意味します。志望動機を上手く語れることと同じではありません。採用プロセスにおいて企業は、応募者の評価に焦点を当てがちですが、志望度を醸成しなければ自社を選んではくれません。初めに関心度を高めることで自発的な企業理解を促し、次に関わり合いの中で志望度を高め、最後に適応予想度を高めることで意思決定を支援する、という進め方が一般的なプロセスです。

### 問題7　　正解：4

オワハラとは「就活終われハラスメント」の略です。内定者に早く態度を決めて欲しい企業側と、重大なキャリア選択を前にしてじっくり考えたい内定者側の心理は乖離しています。企業側が焦って内定者を無理に説得しようとすると、逆に、志望度を低減させる恐れがあります。内定者によって何をオワハラと思うかは異なります。内定者一人ひとりの特性と関係性を踏まえ、無理な働きかけは避けるようにしましょう。

### 問題8　　正解：4

人事の果たすべき機能としては、採用、育成、配置、評価、報酬、代謝の6つを挙げることができます。これらの機能には、一貫性を持たせる必要があります。人事部が縦割り構造になっている（例えば、採用と育成が対立関係にある等）が故に、人事に一貫性がない企業も見られます。

### 問題9　　正解：2

企業の担当者自身が心を開くことで、応募者に本心を話してもらいやすくなります。そのようなことなしに無理に説得したり、質問を矢継ぎ早にぶつけたりするとかえって心を閉ざすばかりか、志望度が低減する恐れもあります。まずは自分の価値観やその価値観が形成されたきっかけなどを応募者に話してみましょう。

## 問題10　　正解：1

「あれもこれも」と人材要件を増やしていくと、それらの要件を満たす求職者は減少し、採用ターゲットを狭めることになります。その上、多くの要件を満たす人材は往々にして多くの企業から求められる傾向にあり、過剰な採用競争に巻き込まれます。また、多くの要件を求めると、その分、人材の類似性が高まり、会社が環境変化に対応するための能力が減ってしまいます。

## 問題11　　正解：1

PULL 型においては、求職者の主体的な応募を待つため、応募者の質は企業の採用ブランドに依存します。そのため、自社のことを元々知っている人が候補者群になりやすいといえます。採用ブランドを確立している企業にとっては有利ですが、そうではない企業にとっては採用に苦労する可能性があります。他方でPUSH 型は、企業側からアプローチすることになるため、 PULL 型より採用ブランドの影響を受けにくく、応募者とのコミュニケーション量が増えるため、採用担当者の力量が要求されます。

## 問題12　　正解：4

求職者がセルフスクリーニングを行えば、自社の望む要件に合った人が応募してくることになり、候補者群の質を高めることができます。一方、それはセルフスクリーニングによって応募者が厳選されることを意味するため、候補者群は小さくなります。すなわち、セルフスクリーニングは候補者群を量的に減少させるものの質的には上昇させるのです。

## 問題13　　正解：3

人は情報との「心理的距離」(身近なものと感じる程度)が近い時に、その情報をしっかり読み込もうとします。しかし、採用サイトを閲覧する採用初期において、求職者と企業の心理的距離はまだ近いとは言えない状態です。したがって、採用サイトの内容は、初めからその企業に強い関心を持っている求職者を除いて、読み飛ばされる傾向にあります。

**問題14**　　正解：3

エントリーを沢山集めると、自社の人材要件に合わない応募者の人数が増え、なおかつ、応募者一人あたりの接触時間が相対的に減ります。自社の要件に合う応募者への接触時間が減ると、応募者の企業理解を十分に促せなくなり、志望動機を醸成しにくい状況に陥ります。仮に、入社まで到達したとしても、企業理解が不十分では、入社後に「こんなはずではなかった」と早期離職の可能性が高まります。一方で、特に採用ブランドの強い有名企業において、多数のエントリーを集める採用が行われており、そのような採用方法をとったからといって必ずしも翌年のエントリー人数が減るわけではありません。

**問題15**　　正解：2

能力や性格は、行為や思考の積み重ねによって形成されます。短期間の出来事では、その人に本当に身についた能力や性格を見極めることが困難です。長期間にわたる出来事を聞き出すことによって、再現性のある能力や性格を把握することができます。

**問題16**　　正解：1

内定の合意がなされた時点から採用日までの期間は、内定期間となります。内定を通知した時点で、労使間で労働契約が成立したことになり（これを「始期付解約権留保付労働契約」と呼びます）、内定を受諾した時点でその企業の社員という扱いになります。企業の都合で自由に内定を取り消すことはできません。

**問題17**　　正解：3

エントリーシートはエントリー時のみならず、採用面接時のコミュニケーションツールとして利用することもできます。しかし、求職者にエントリーシートの提出を義務付けると、それらを短期間で読まなければならなくなり、大変な労力が集中的に求められます。求職者側にとっても、エントリーシートの内容を考えて記述する時間が必要です。企業と求職者の社会的コストの増大という問題が、エントリーシートの提出には伴います。

**問題18**　　正解：1

採用面接において面接官は、限られた時間の中で非常に多くの役割を遂行する必

要があります。(多くの場合、初めて会う)応募者の話す内容や話し方を注意深く観察しなければなりません。応募者の能力を見極めることに注力した結果、応募者と円滑なコミュニケーションが十分にとれず、応募者の動機形成を進められないことがあるので注意が必要です。

## 問題19　正解：4

内定受諾後に労働者がそれを取り消すことを「内定辞退」と呼びます。内定を受諾した時点で、労働者はその会社の社員と同じように、会社と労働契約を締結したことになります。そのため、労働者による入社の辞退は退職と同義になります。労働者の退職を企業側は拒めません。したがって、内定辞退も企業側は拒めないのです。

## 問題20　正解：2

日本の企業は一般的に、長期的な視野に立った経営のもと、短期の収益よりも安定的な成長を重視し、長く勤める社員を求めてきました。他方、人事管理では、雇用保障を重視する代わりに、社員の仕事内容(したがって、キャリア)は企業が決めるという暗黙の契約が形成されました。このように、会社で何の仕事をするかではなく、会社にメンバーとして所属することが重視されるため、日本型は「メンバーシップ型」と呼ばれます。それに対して欧米企業では、何の仕事をするかを重視されるので「ジョブ型」と呼ばれます。

## 問題21　正解：4

内定取り消しの事由としては、成績の良し悪しではなく、予定されていた時期に卒業できなかった場合が相当します。また内定は労働契約が成立している状態であるので、健康状態の悪化や犯罪行為があったからといって、ただちに内定を取り消すことはできません(ただし、犯罪の重大性が高く、職務遂行を難しくさせる場合には、この限りではありません)。

## 問題22　正解：3

応募者がストレスを感じるような質問や態度をとることによって、応募者のストレスに対する耐性を知ろうとするのが圧迫面接です。しかしながら、圧迫面接が業務におけるストレス耐性を正確に測定できることを積極的に支持する十分な科

学的エビデンスはありません。更に、応募者を意図的に傷つける圧迫面接のような方法は、社会倫理的に避けるべきです。また、仮にストレス耐性を確認したいとすれば、適性検査の方が精度は高いでしょう。

**問題23**　　正解：3

「乗り物に乗り込んできたクルーに、乗り物に慣れてもらうプロセス」から派生し、組織における適応までの受け入れプロセスを意味する言葉として、「オンボーディング」が使用されるようになりました。若手人材の離職という課題を持つ企業が増えてきている中、オンボーディングの質が一層問われるようになっています。

**問題24**　　正解：3

有効求人倍率の算出にあたっては、公共職業安定所（ハローワーク）の求人情報と求職情報を用いるため、民間の職業紹介企業の数値は含んでいません。また、新規学卒者も含まれていません。有効求人倍率は景気の変動の影響を受けることが知られています。

**問題25**　　正解：4

元々アメリカにおいてリファラルリクルーティングは人気のある採用方法の一つですが、日本においても実施する企業が増えてきています。リファラルリクルーティングには採用コストの削減や、社風を理解した社員からの紹介によりマッチングの精度向上といったメリットがあると考えられています。

**問題26**　　正解：2

経営幹部等の上位等級の社員に欠員が出た場合、社内で適切な人材を探し配置するのが、日本型の雇用管理の特徴です。また、会社における仕事が増えたり減ったりした際も、人手が余った部署から不足する部署への再配置という形で対応します。すなわち、日本型の人事管理においては、しばしば内部調達の方法がとられています。

**問題27**　　正解：1

一般的に欧米諸国の場合、職務に合わせて人を配分しているのに対し、日本の場

合、人に合わせて職務を配分しています。そのため、欧米諸国と比較して、日本の企業においては、特定の専門業務に特化した人材より、幅広い業務に対応できる人材が重宝されます。

## 問題28　正解：3

欠員補充型では即戦力の経験者を求めるのに対し（パート社員など高い技能を必要としない場合は未経験者も対象に含まれます）、計画採用では訓練可能性を重視し、新規学卒者にアプローチします。目的や時間幅を考慮し、採用の方法を選択する必要があります。

## 問題29　正解：2

女性の少ない職域や社員区分への、女性の進出を促進することを目的に、女性を優先する募集・採用を行うことが認められています。このことを「ポジティブ・アクション」（積極的差別是正措置、またはアファーマティブアクションとも）と呼びます。ただし、ポジティブ・アクションは心理的な反発を生み出す恐れがあるため、注意深く進める必要があります。

## 問題30　正解：2

大卒ホワイトカラーの国際比較調査によれば、初めて昇進に差が付き始める時期について、日本はアメリカやドイツに比べて遅いという結果が得られています。つまり日本はこの三国の中で最も遅い選抜の国と言うことができます。また、どの国も何らかの形で学歴が昇進に影響を与えています。更に、日本では総合職と一般職の区別がありますが、形態は異なるものの、どの国でもこのような区分はあります。

## 問題31　正解：2

ワーク・ライフ・コンフリクトが発生していると、社員は仕事に対して意欲的に取り組めなくなります。働く人々が家庭生活や地域生活により多くの時間を割くことを必要としたり希望したりする中で、ワーク・ライフ・コンフリクトの解消が重要な人事課題の一つになってきています。

## 問題32 　　正解：1

応募者が入社後に実際に従事することになる仕事のサンプルを準備し、それに取り組んでもらって、成果を評価する方法をワークサンプルと呼びます。ワークサンプルは入社後のパフォーマンスを予測する方法として、欧米では注目を集めています。日本ではインターンシップにおいて、ワークサンプルと重なる選考を行う企業も出てきています。

## 問題33 　　正解：3

日本の企業においては、入社後に様々な仕事を経験しながら、適性や個性を見極めていきます。そのため、採用の段階では、「仕事に直接的に必要な能力」ではなく、「そのような能力を身につける可能性」を推測していく必要があります。こうした理由から、評価基準を明確にすることが難しい状況にあります。

## 問題34 　　正解：2

これまでの採用研究によれば、選考にエントリーしたり、選考プロセスを継続したりするという、採用初期・中期の段階では、求職者は自分と企業がフィットしているかどうかを重視します。しかし、内定受け入れの決定という採用後期に入ると、会社や仕事の特性、更には、採用手続きの公正さ等を重視します。すなわち、採用活動が進むほど、曖昧だった企業選びの基準が具体的になっていくと言えます。

## 問題35 　　正解：1

面接官は、採用面接が数十分であっても最初の数分で採用／不採用の決定を下しがちです（即時的決定）。また、履歴書や適性検査の結果を面接前に見ると、応募者に対するイメージが形成され、そのイメージを確証するための情報を応募者から引き出してしまいます（確証バイアス）。更に、面接官は応募者の言葉だけではなく、身振り手振り・アイコンタクト・表情等の非言語的な情報の影響を受けます。長期雇用を前提とする企業においては、自社に合う人を不採用にするより、自社に合わない人を採用するリスクに敏感になります。そのため、面接官は減点方式の評価を下しやすい状況にあります。

**問題36**　正解：3

自分の部屋を持っているかどうかや、学費を誰が払っていたかどうか、応募者の両親の出身地は、応募者の家庭環境や生活程度に関する質問であり、応募者の能力や適性に関係がないことです。社会的差別に繋がる恐れがあるため、その種の質問をすることは避ける必要があります。なお、あくまで業務に関連するものに限定する場合、既往歴について尋ねることは必ずしも問題ではありません。

**問題37**　正解：4

評価における心理的バイアスは、面接官個々人の性格や能力の特徴に強く影響を受けるため、面接官は、事前に注意して自分の評価の特徴を知っておくべきです。また、面接の経験が豊富にある人の方が、先入観を強く持ちがちであることが検証されています。したがって、面接経験が豊富にあれば、それだけで精度の高い判断を下せるわけではありません。

**問題38**　正解：1

面接官が自分の評価を裏付ける目的で 過去のエピソードを聞くのは本末転倒です。直感や印象に頼った面接ではなく、過去のエピソードを踏まえた上で、客観的な評価を行うことが重要です。

**問題39**　正解：3

新卒採用においては、まだ具体的な結果を残せていないが潜在的な能力を持っている応募者が多数います。そのため、むしろ結果ばかりでなく、結果を出すプロセスや、そこで使われた能力や性格等の特性についても焦点を当てるべきです。

**問題40**　正解：2

グループ面接では、各応募者に配分される時間があまりに不平等であると、心理的バイアスで印象評価してしまう場合があったり、応募者に不平等感を与えたりする可能性があります。しかし、そもそもグループ面接とは、複数人を同時に面接することで 、時間的な柔軟性を持って個々人を評価するための面接です。そのことを踏まえると、時間を均等に振り分けることはあくまで二次的目標であり、平等な時間配分を特に重視するのであれば、短時間の個別面接の方が良いでしょう。

## 問題41　　正解：4

正社員は法律で規定された用語ではありませんが、従来は契約期間に定めがなく、所定労働時間がフルタイムで、職種や勤務地を指定しない働き方を指すことが一般的でした。ただし近年は、正社員であっても勤務地を限定した社員区分を設けたり（勤務地限定正社員）、職務の範囲を限定したり（職務限定正社員）、育児・介護以外の目的でも活用できる短時間勤務制度を設けたり（勤務時間限定正社員）する企業も見られます。

## 問題42　　正解：2

障害者の雇用機会の確保を目的として、従業員40人以上のすべての事業者は法定雇用率以上の障害者を雇用する義務が課せられています。令和6年4月1日からは民間企業の障害者の法定雇用率が2.5%に引き上げとなり、令和8年度からはさらに0.2%の引き上げとなることが決定しています。

## 問題43　　正解：3

みなし労働時間が適応できる事業所および労働者は、労働基準法に則って定められており、企業が自由に適用を決めることはできません。みなし労働時間が法定労働時間を超える場合には、36協定の締結および割増賃金の支払いが必要となります。

## 問題44　　正解：3

学生とフランクに接するのはよいことですが、それが行き過ぎて、礼儀やマナーを失して高圧的な態度で接することがないように気を付けましょう。また、学生には、会社の会議室や応接室を利用して、できる限り日中に会うべきです。やむを得ず社外で夜間に会う場合でも、アルコールのあるお店での面談は避けなければなりません。更に、学生には、会社の良い面だけでなく、問題点や課題についても、事実やデータに基づいて話してあげましょう。自分たちがどのようにその課題と向き合っているかを伝えることも大事です。

## ●著者紹介●

# 曽和 利光

一般社団法人 日本採用力検定協会 理事
株式会社人材研究所 代表取締役社長、組織人事コンサルタント
京都大学教育学部教育心理学科 卒業
リクルート人事部ゼネラルマネジャー、ライフネット生命総務部長、オープンハウス組織開発本部長と、人事・採用部門の責任者を務め、主に採用・教育・組織開発の分野で実務やコンサルティングを経験。
企業の人事部（採用する側）への指南を行うと同時に、これまで 2 万人を越える就職希望者の面接を行った経験から、新卒および中途採用の就職活動者（採用される側）への活動指南を各種メディアのコラムなどで執筆する。
主な著書に『人事と採用のセオリー　成長企業に共通する組織運営の原理と原則』（ソシム）、『「ネットワーク採用」とは何か』（労務行政）、『人材の適切な見極めと獲得を成功させる採用面接 100 の法則』（日本能率協会マネジメントセンター）などがある。

# 伊達 洋駆

一般社団法人 日本採用力検定協会 代表理事
株式会社ビジネスリサーチラボ 代表取締役社長
神戸大学大学院経営学研究科 博士前期課程修了。修士（経営学）
同研究科在籍中、2009 年に LLP ビジネスリサーチラボ、2011 年にビジネスリサーチラボを創業。以降、人事・組織領域において、研究知と実践知の両方を活用した調査・コンサルティング事業を展開。
2013 年、横浜国立大学の服部泰宏研究室と共同で採用学研究所を立ち上げ、同研究所の所長を務める。
主な著書に『越境学習入門　組織を強くする「冒険人材」の育て方』、『オンライン採用　新時代と自社にフィットした人材の求め方』（共に日本能率協会マネジメントセンター）などがある。

## ●著者協力●

# 今野 浩一郎

一般社団法人 日本採用力検定協会 理事
学習院大学名誉教授、学習院さくらアカデミー長

●監修紹介●

## 一般社団法人 日本採用力検定協会

組織および社会にとって有益な採用活動を設計・実行する力を「採用力®」と定義し、採用に関わる人々の知識習得やスキル向上等を目的とした「採用力検定®」を運営する団体。検定を実施するだけでなく、採用力を高めるための調査・情報発信・講演・研修等も行っている。理事陣は、長年にわたって人事・採用領域の調査研究を行っている学識者、人事採用の実務エキスパート、採用市場に精通した人材ビジネス経営者等で構成されており、著書をそれぞれ多数著している。

※「採用力®」ならびに「採用力検定®」は、（一社）日本採用力検定協会の登録商標です。

## 改訂版　採用力検定® 公式テキスト

2024年6月30日　　　初版第1刷発行

監修者 —— 一般社団法人 日本採用力検定協会
　　　　　　©2024　Japan Recruitment Ability Testing Association
著　者 —— 曽和 利光、伊達 洋駆
発行者 —— 張 士洛
発行所 —— 日本能率協会マネジメントセンター

〒103-6009　東京都中央区日本橋2-7-1　東京日本橋タワー
TEL　03(6362)4339（編集）／03(6362)4558（販売）
FAX　03(3272)8127（編集・販売）
https://www.jmam.co.jp

装　丁 ———— 藤塚尚子（etokumi）
本文DTP ——— 株式会社アプレ コミュニケーションズ
印刷所 ———— 広研印刷株式会社
製本所 ———— 株式会社三森製本所

本書の内容に関するお問い合わせは、2ページにてご案内しております。

ISBN978-4-8005-9231-6　C3034
落丁・乱丁はおとりかえします。
PRINTED IN JAPAN

# JMAM の本

## 人材の適切な見極めと獲得を成功させる
### 採用面接 100 の法則

「面接」は、最もポピュラーな採用選考の方法です。しかし、「人材をきちんと評価できているか?」「応募者とうまくコミュニケーションが取れているか?」「内定を辞退されやすいがなぜ?」など、面接に悩みを抱える採用関係者は数知れません。そこで採用の現場に長年携わり、2万人以上と面接してきた著者が、知見と学術研究を踏まえて面接の実態と本質を解き明かし、「よい採用のための面接」について100の提言をまとめました。

曽和 利光 著
四六判 228頁

## オンライン採用
### 新時代と自社にフィットした人材の求め方

2020年からのコロナ禍がきっかけとなり、「会わない」採用、いわゆる「オンライン採用」が急速に広まりました。しかし、オンライン採用はまだまだよい方法が試行錯誤されています。

本書は、人材採用の調査・研究・コンサルティングに携わる著者が、オンライン採用の解説を中心としながらも人材採用の本質を問い直し、従来のよい部分を残しながら新しいものの利点を取り入れる、「ハイブリッド採用」の考えを提案しています。

伊達 洋駆 著
A5判 232頁

## 戦わない採用
### 人材獲得競争時代の「リファラル採用」のすべて

年々、人材獲得合戦は熾烈さを増しています。その中で、既存の募集手法で常に採用活動に追われ、『戦わせられる採用』を続けるのか、採用活動の土俵自体を見直し、社員を巻き込み、リファラル採用という『戦わない採用』を実現できるのかは、企業の変革意欲次第です。

本書では、日本にリファラルの概念を創出した会社の創業者が成功法則を初公開。本書による実践で競争力が高まり、持続可能にファンが増える会社へと近づきます。

鈴木 貴史 著
四六判 256頁

## 企業のための
### インターンシップ実施マニュアル

インターンシップのプログラムを作成する企業側のための本で、人事担当者必携の1冊です。

インターンシップを取り巻く状況、インターンシップの概要、プログラム作成の方法を解説し、今後の動向を踏まえてインターンシップの効果を高めることを目指しています。学生からの認知度を高めて企業イメージ向上につなげるなど、インターン実施を「負担」から「投資」へと変えるためのノウハウを提供します。

野村 尚克 著
今永 典秀 著
A5判 200頁

**日本能率協会マネジメントセンター**